U0111772

大展好書　好書大展
品嘗好書　冠群可期

大展好書　好書大展

品嘗好書　冠群可期

武術技術
武道技術⑤

李小龍腿功教室
——超級腿功訓練 88 課

黃　濤　編著

大展出版社有限公司

知 識 篇 ……………………………………… 5

　第一節　李小龍超級腿功的八大學習環節 ………… 6

　第二節　李小龍超級腿功的力學原理及應用 ……… 11

　第三節　構成完美踢技的要素 …………………… 14

　第四節　你也能成為腿功悍將 …………………… 18

訓 練 篇 ……………………………………… 23

　第一節　初學必修 ………………………………… 24

　第二節　腿功築基 ………………………………… 73

　第三節　技能培養 ………………………………… 111

　第四節　進階之路 ………………………………… 153

　第五節　功力強化 ………………………………… 188

　第六節　脫胎換骨 ………………………………… 213

　第七節　登峰造極 ………………………………… 243

解 惑 篇 ……………………………………… 275

　李小龍超級腿功自修指南 ………………………… 276

知識篇

第一節
李小龍超級腿功的八大學習環節

　　能否在格鬥中發揮出超強的腿功，主要靠的是紮實的功底，牢靠的腿功技術基礎，日夜積累的深厚功力。然而，這些可不是天生就有的，是經過教學訓練而掌握的。對於李小龍超級腿功的學習研究，要以認識論、運動生物力學、神經肌肉生理學、運動心理學等等，有關學科作為基礎和武器，總結李小龍先生有關於腿功技藝的知識精粹，並將其掌握，可以由以下八個主要環節獲得。

腿功所存在的意義

　　這是指經由學習、探討、研究、訓練等，認識到清楚具體的腿功技藝在格鬥實戰中，以及日常生活中的地位及作用。弄清這些問題，有助於調動你對掌握李小龍超級腿功的積極性及意志力。

　　如果這一環節理解不好，會影響到你鑽研李小龍超級腿功和修練的積極性，誤導你今後繼續學習、研究、探討、訓練時的方向，走入歧路。以致在技術登峰的道路上半途而廢。

　　對我來講，李小龍超級腿功就是用以展現功夫的本質——實戰。對腿功的掌握不在於你學會多少種腿法，踢得有多高。而在於你的腿功是否夠威猛，凌厲，制敵於無

形之中。

腿功的要求

　　這就是指要清楚，要想在格鬥實戰中使你的腿功發揮出應有的作用，你的腿功須具備什麼樣的具體要求，這是你達到最深造詣的基礎。

　　把這個要求弄明確了，才會百折不撓、千方百計去征服困難，朝這個方向攀登。要求不明確，就如同通向成功的大道上出現了許多個岔口，讓你不知所措，會造成學習方向的迷茫，很難達到腿功技藝上的頂峰。

　　一般來講，腿功的具體要求是以其腿功技藝在格鬥中發揮著什麼樣的作用為核心。

腿功的技術

　　技術是指進行腿法動作時合理有效巧妙的科學方法。腿功技術的科學、合理程式的高低，反映出練習者技藝水準的高低。腿法動作，從外部看是服從力學原理的機械運動，從內部看是複雜精妙的生理運動。它是沿著運動生物力學合理性的軌跡向前發展著。

　　詳細地談論腿功的技術，將是一門內容比較豐富的學問，需要撰寫洋洋大觀的專著，這裏只對腿功技術作一個極簡單的介紹。

　　腿功技術的主觀條件是由人體的體格、體力、各關節及各局部肌肉的具體情況等因素構成，客觀條件由具體的

環境、發揮程式、基礎好壞等構成。

　　腿功技術的關鍵是人體自身各關節間在肌肉的協助下所做的相對運動，由於人體有著各自不同程式的各種關節，需要這些關節在短時間內，甚至瞬間內，同時地依照各種不同的程式和發力程式，做出完善有效的動作。

　　這個問題是非常緊密的，要結合實踐，由周密分析來努力解決好各關節運動的次序、節奏、方向、路線、強度、限度、幅度等問題，力爭實現完整腿法動作的總體上的最佳效果。

　　由於腿功技術的關鍵是有關各關節的相對運動，而關節的運動是由肌肉掌握，由神經指揮感知的。因此，在研究李小龍超級腿功的技術時，還需學一些神經肌肉原理和心理學的知識，肯不肯在腿功技術的分析上狠下功夫，是你能否戰勝對方的關鍵。

　　簡單地總結，腿功的技術就是在人體生理的基礎上解決擊倒對手的合理性問題。

腿功的標準

　　腿功的標準就是在各腿功細節上的規格，這是把各腿功基本要素轉化到實戰運用上的嚴格規定。規定就成了訓練工作中所需力爭達到的具體細節上的目標。

　　樹立了「標準」，就溝通了對腿功技藝的認識，拓開了原理研究過渡到訓練實踐的大門，解決掉這個轉捩點。

　　標準是指具體腿功技術動作，具體腿功功力基礎等一個個細節上的規定，它可以透過腿功的發揮表現出來，是

由技術原理決定產生的。一般地講，腿功的要求比較概括，而標準則比較細緻。

從腿功要求到腿功標準，對練習者來說是一個反覆認識的過程。因為認識不可能一次完成，他隨著腿功技藝訓練水準的提高而不斷地發生變化，產生不同的認識，只有反覆認識，才能不斷接近頂峰。若害怕反覆認識，就不可能達到巔峰狀態。

腿功的學習步驟

科學合理地確定學習步驟是正確解決腿功技藝的關鍵。腿功的學習步驟由標準和具體練習者的技藝基礎這兩方面的具體關係所確定的。

我們既可以把具體的腿功標準看作一個局部，又可以把具體的腿功標準看作為一個系統，在這個系統中又可以分為許多個局部。把這些局部又可以區分為已掌握、未掌握。又把未掌握按先、後、主、次分類排成序列。在這個基礎上，步驟就可以分出來了。

簡單總結，步驟就是將所要學習的腿功技藝中的標準，對照練習者當時的技術基礎，適當分析出若干個學習任務，使每一個任務同具體練習者的每一步的學習能力相適應。

腿功的學習手段

腿功的學習手段就是為解決步驟所規定的每一步，而

針對性設計的訓練內容和措施。

在複雜、困難的訓練任務面前，能不能科學地找出和設計出「手段」來，這是非常重要的問題。手段——是過河的舟、橋，攻關的武器。

腿功的學習方法

這是指腿功訓練環節中所使用的具體方法。這個具體方法又可以分為三個階段：思維認識、在思想集中注意下逐漸學會自主實踐、基本完成自動化。

在思維認識階段，主要透過示範、講解、圖像、錄影等方法對腿功的技術方法，實戰運用，功力築基等各個方面由模糊到準確，由表及裏，由遲疑不清到徹底明白，做到基本明白為止。

在開始認識階段，練習者可能會感到「彆扭」，而不是「舒服」。在達到「自動化」階段後，練習者對腿功的各環節感到「舒服」了。

腿功技藝的綜合和鞏固

當前步驟任務完成後，就需要綜合完成完整的腿功技藝細節標準，在各腿功標準初步自主掌握之後，還有鞏固自動化的任務。

要充分考慮到，再好的訓練方法和手段，對於實戰運用都有相符的一面和不相符的一面，對於訓練工作都有有利的一面和不利的一面。既要敢於針對性地狠抓有效的手

段和方法內容,又要善於看到他所引起的或將引起的問題。研究出針對性的措施,在適當的時機及時加以正確解決,促進訓練過程向下一階段發展。

以上就是掌握李小龍超級腿功系統技術、細節、要領的八個環節。它是從分析腿功的內部矛盾、教學訓練工作過程中的內部矛盾入手。從對訓練工作中的經驗教訓進行科學分析後總結出來。

如果把腿功技藝的訓練比作登樓,腿功教學規律就好比樓梯,只要有了樓梯,再高的樓也能登上,除非你沒有努力堅持。

對李小龍超級腿功的學習研究是不斷發展的,永遠不會停止在一個水準上。為了有所創造,有所突破,要善於運用知識信息、歷史經驗、有關的自然科學知識,使之同創造性的訓練研究工作結合起來。在實踐、認識的矛盾運動中不斷前進,只要你努力堅持,就一定可以做到。

第二節
李小龍超級腿功的力學原理及應用

沒有人不驚嘆李小龍的強勁踢擊威力,它是李小龍超級腿功中的經典標示,對李小龍超級腿功的學習,就應該掌握這個能真正提高技術水準的核心環節。這個環節就是由李小龍超級腿功力學理論構成,是練習者在發力一瞬間的一種綜合動作。下面,我們來一一瞭解李小龍超級腿功的力學理論及應用。

力量集中

腿功的發力不僅要求練習者精神上保持有一定的緊張度，即精神集中，同時也要求力量的集中。僅以你身體的某一小部位（如腳背、腳後跟等）蓄力發力擊向對手，當然你所打擊的目標也應該是對方身體的某一局部或小區域。比如，你用側踢擊打對方，你應該注意要將力量集中於腳後跟，而不是用整個腳底來擊打對方。

就好比以同樣的力量攻擊對手時，對手承受攻擊力的部位範圍越大，給對手造成的傷害就越小，因為大面積的承受攻擊部位將你的攻擊力分散了。

重心集聚

我們都能理解什麼是重心（身高與體重）的集聚。練習腿功，只要發力的其他要素運用適當，按正確的技術動作規格發揮，運動員的身體重心就會順勢被引向被擊目標，增加出擊力度。例如：用側踢擊打對方時，上半身順勢朝對手的方向移送。使身體重心向攻擊目標集聚，有利於增加打擊對手的力度。

速　度

打個比方，擊球手以每小時 90 公里的速度和以每小時 5 公里的速度擊棒球的結果一定大不相同。速度是腿功中

不可缺少的一個發力要素。但是，速度與重力的集聚要相輔相成，發力時，重心擺設得當，速度才能達到最佳。

　　假如你做一個側踢，在重心移向所擊目標時，應該充分把握你出擊的速度，使你的出擊顯示效力。

反彈力

　　任何一種發力都產生相等又相應的反彈力。李小龍超級腿功的力學理論告訴了練習者怎樣利用這種反彈力的原理。擊球的兩手緊握擊棒球時，一臂用力作用於另一臂，使另一臂產生反彈力反應於先用力的一臂，從而增加了先用力一臂的手腕力度。這時，棒球擊球手就會以快速猛力擊球。這種「反彈力」也被用於腿功中，運動員利用旋轉軀幹部，在踢擊目標的一瞬間產生的強大的爆發力就是運用了反彈力。

呼吸調控

　　所有的武術家都懂得在發力的一瞬間如何調控呼吸。發力時，即將呼出的氣形成於胸膈中，將身體的上半部與下半部緊密相連使身體變成一個發力的整體，加強了力的爆發效果。

　　棒球手擊棒球時用這種呼吸方式可以輕而易舉地得到用力效果。發力瞬間運動員有抑制不住的喊聲，這就是調控呼吸的結果。呼吸調整得到，可以增加踢擊的品質。

平衡的作用

　　不掌握平衡就無法練習腿功，武術運動者如果在武術動作練習完成之前失去身體的平衡，他的動作就沒有威懾力。掌握平衡是武術運動員練習爆發力技術的關鍵性步驟，無論你的失衡發生在動作的開始、中途或結尾，你的發力都達不到預想效果。只有你的每一個武術動作保持平衡穩定，你的發力才會有佳效。

　　使用爆發力技術時，練習者應該首先練習發力的基本動作，然後，再將每個正確的基本動作組合形成一系列的流動動作。熟諳李小龍超級腿功這幾種力理論與實踐技術的結合，可增加練習者的腿功發力品質，定將讓你的腿功產生強勁的實戰威力。

第三節
構成完美踢技的要素

　　李小龍在取得舉世矚目的成就以前，經歷了無數的坎坷。他在腿法的練習上走了不少彎路，遇到不少實際困難。因此，他除了在訓練上加倍努力之外，還主動同各武術流派中的拳師廣泛交流武術心得，並將其有益的武術要素融入到自己的腿功訓練之中。那麼，構成李小龍幾乎完美腿功的要素是什麼呢？你肯定是迫不及待地想知道。現在，我不僅會把這些要素毫無保留地告訴你，還會教授你

如何在每一環要素的學習中取得進展。

基本技術和協調性

開始，你不僅需有熟練的基本踢技，而且必須加以調整，令其協調。沒有這兩項技藝，你將不會在實戰中施展出任何踢技。再者，在實踐中一旦你錯過了踢擊的機會，你會發動連環踢擊。這時，技術和協調性又一次顯示出至關重要來。你的全身必須協調，那樣才能用全力和流動性擊中目標。

要獲得這兩項技術，我們要從那兒開始呢？如是有條件的話，你可以首先在鏡子前練習，這樣你能看出自己是否有失誤。在鏡子前踢擊是武藝最古老、最簡單的技術手段之一，它是幫你糾正和完美基本技術的有效方法。請相信我，如果不從一開始就學習正確的技術，潛在的及自然的能力很容易被浪費掉。另外，如果基本腿法技術和協調性都較好，你的平衡、速度及其它特徵都將提高。

靈活性

多數武師意識到靈活性的重要。靈活就能踢得更容易、更高、更快。此外，靈活使你的踢擊用力減少而技術力量增強，而且那還不是全部。靈活也能減低你受傷的可能，並且增強你的信心。當你知道自己能隨時發動任意踢擊時，你會感覺良好。

如果你不靈活，耐心些，進步是慢慢取得的，你還必

須堅持如一，你不可能指望每週三進行一次伸展運動就能改善柔韌性。

再者伸展不應是你正常訓練之間做的第一件事。應降低強度的預先伸展，是幫你熱身的一種鍛鍊方法。而訓練後進行大強度的伸展運動，可幫你增強靈活性，把重要的伸展練習留在訓練之後進行。

其次，伸展練習中不要有彈跳，因為這並無效果並且隱藏著危險。相反，應當認真伸展、講究方法。緩慢伸展直到感覺在伸展中的肌肉有拉長感，保持這一姿勢 30 至 60 秒，進入和退出伸展姿勢都應緩慢而小心。

伸展練習即為柔韌素質練習。

速度和力量

不論你練習哪種門派的腿功，都不可能只靠腿部力量發出有力攻擊，力量來自臀部。發動踢擊進，應當轉動臀部以產生另外的速度和力量，這不容易學，它需要一段時間。如果你專心致志，而又勤勉，你就能掌握銳利、敏捷而有力的臀部旋轉，加緊練習。

踢擊時確認自己處於放鬆狀態。鬆弛的肌肉比繃緊的肌肉動作更快。此外，保持一條腿總在地面上，發動飛踢時例外。而且確定踢擊時足跟提起，這可以消除使膝部緊繃而產生的過多緊張。

進一步發展力量，比較有效的方法是進行舉重。當然，練習舉重需要槓鈴、啞鈴等器械，如無此學習條件，進行徒手的力量鍛鍊也不錯。力量訓練將增強你發動踢擊

的能力。許多踢擊不像期望的那樣有力和長久是膕旁腱較弱。這是因你的對抗肌（此處指膕旁腱）會過早收縮或停止以防止踢擊過度伸展。

　　例如，你的肌肉可能是很強壯，但用來發動踢擊的兩組間的肌肉失衡，這也會損害你的訓練效果。

時機的把握與距離概念

　　你能具有世界上所有的速度、力量和精確性，但如果不能適時選擇時機，一切都毫無意義。時機錯誤，使你錯過目標或者對手會擋住你所有的攻擊。要想成功，必須在對手最疏於防範之時抓住他。練習把握時機，可進行腳靶踢擊練習。

　　在半空中改變踢擊軌跡稱作「距離觀念」，可在對手移動或試圖反擊時運用。例如，每次你一攻擊對手就總是向後或向側移動。因此，你應改變踢擊方向，調整同對手間的距離。一個好的訓練方法是當你試圖踢擊腳靶時，讓搭檔幫你拿著腳靶進行各種方式的靶位變換練習。

　　準確的時間選擇和距離概念是使你成為更出色的腿功高手的首要條件。這使你能完全控制自己的技術，隨時準確踢中任何目標。

精確性

　　如不能擊中目標，速度、力量和時間選擇又有什麼用呢？不必說，精確性是達到完美踢擊的另一要點。有幾種

提高準確度的方法，包括踢沙袋和踢擊靶位。用沙袋練習準確度，每次瞄準同一地方，在沙袋的一側做上標記。

　　用腳靶可進行多種訓練。首先，用不同的踢法踢擊腳靶時，讓搭檔把腳靶不斷變換位置。其次，在他移動腳靶時，同時身體也移動。這也是很好的訓練準確度的方法。

時間、努力、願望

　　沒有人生來就掌握完美的踢技，但是如果你知道構成「完善」踢技的必要因素，你就領先於其他人了。正如你很清楚的，最基本的因素是練習，它需要和搭檔一起練習。無論一個人多麼擅長踢中目標，也沒有什麼能夠代替同能夠回踢的對手一起練習。完善的踢擊需要時間、努力和獻身精神。你想要得到它，也需要有願望。也許這不再是夢想，你將能踢出完美的一擊。

第四節
你也能成爲腿功悍將

　　為什麼有些人會成為超級腿功大師，這種秘密看起來讓人捉摸不透。但有一點可以肯定，他們絕非橫空出世、天生造就，而是由堅持不懈地努力、拼搏，不斷地發掘自己的潛力而獲得。

　　如何在最短的時間內，更快地發掘自己的潛力，可以由以下幾個方面來激勵求勝的鬥志，發揮出你最大潛能，

而這幾點，你也可以辦到。

渴　望

　　首先，你得要有這種求勝的心態，實現一個目標，無論是獲得國家級冠軍，還是順利地通過級別評定。你必須明白，你到底有多麼地渴望做到這一點。

　　然後，再問自己：「如何去做會使我得到我想得到的？」這個問題的答案會使你渴望的激情常熾不滅。我們經常為電影中功夫高手的絕世功夫驚歎不已，總想擁有他們一般的好功夫，然而，有的人保持這種渴望幾天後就沒有了。而有的人卻將這種渴望之火熊熊燃燒，並用實際行動來實現這種渴望。

　　記住，渴望是你獲得成功動力的基石，下面就是一些幫助你增強及保持這種渴望成功的方法。

　　讀一些武術精典著作，從中可窺武學前輩提供給後學者的知識啟迪。當然，你也可以看一些優秀的文藝作品，其中很多成功人物的事蹟，可以激發你實現心中目標的信念。

　　多看一些優秀的功夫片，增加你學習功夫的激情。

　　與你的同仁交流，與志同道合的人互相促進，營造積極學習的氛圍。

努　力

　　其次則是努力了，必須確信成功與努力緊密相關，為

了實現理想，你必須放棄那些舒適而無益的舉動，而且你也不必考慮是否還會有更好的選擇。例如，為了實現你夢寐以求的黑帶級別每週訓練五天，這意味著這些天裏你只能訓練而不能和朋友一起出遊。

要相信你的努力會給你帶來巨大的回報，它是你成功的一半。另一半是體驗帶給你回報的這種方式。就像如果你想成為黑帶選手，你必須能夠體會讓你獲得此殊榮的成功方法的那種喜悅，作為一種回報幫助你保持那種動力。如果你的目標是做國內聯賽的冠軍，那麼，每場中小級別比賽對於你來說都是好的磨練。如果你的目標是挑戰自己的極限，最好以武為生，並且作為終生奮鬥的目標，你成功路上的不斷的饋贈就是力爭更加平和、集中精力致力於功夫的演練，踢得更高或更猛。

另一個來源則是來自訓練中的感受，讓自己有所感受，想想你的收穫不僅是你為自己感到自豪，而且點滴的收穫都能使你更加完善自己的技術。

精益求精

初學者一定要抱有求得技高一籌的態度來學習，若沒有這種胸懷，那麼，不但無法維持很久，更休想練成良好的技術動作。使在練每一個招式時沒有盡力去做，只不過是在移動身體，彷彿在做體操或做一種休閒運動而已。

作為對一種武道的修習，欲成就高深的境界，就必須嚴格要求自己，出招一定要規範，不顧一切地反覆練習，抱以精益求精的態度，為求自己做得完善無瑕，發揮出武

學的最高境界。

恭師捷行

　　抱有萬事萬物是吾師的態度，虛心進取、向人人學習、向各門派學習，絕不可自以為是。這樣，才能不斷地學習別人的優點，得以長進。特別要恭敬各門派，要認識到在任何一家或門派中，都有超越自己功夫的師父，沒有理由藐視貶低別的門派。這樣才能廣採眾師之長，增長自己的功夫。成功的後捷就是虛心進取、持之以恆、認真實踐、力求上進。

克服訓練中的天敵

　　每天你都忙得團團轉，練習踢擊、步法。你的技術越來越成熟。但是經過一段艱苦的訓練，你發現自己練功夫的熱情銳減。但遇到最難對付的對手，這是你看不見，卻時刻存在的對手。你的對手潛藏於你的頭腦之中，你需要認識他們，然後才能打敗他們。

　　耐心不夠：幾個星期的訓練後，你就成為沒有耐心，這一大天敵的犧牲品。初學功夫者總是馬不停蹄地訓練，他們憑一時的熱情，沒日沒夜地訓練，終於有一天，他們的身與心都受了挫，他們停止了訓練。

　　憑一時的熱情是一個老掉牙的故事。有些學生從剛開始就不停地問老師：什麼時候我能戴上黑帶？老師總是這樣回答：刻苦訓練五年你就能達到目的。學生不問：如果

我晝夜不停地訓練呢？老師會這樣說：那你在十年後才能戴上黑帶。這時，你會因為耐心而遠離黑帶，擁有耐心會讓你獲得這一段階的勝利。

克服自滿：自滿是習武者的第二天敵，活到老，學到老，才是武學真諦。日本一位空手道大師曾這樣說過：空手道是一場生命中的馬拉松比賽。

專心致志：總會有人比你強，也總會有人不如你。你不應被別人的氣勢嚇倒。要克服膽怯心理，專心致志地進行自己的訓練。

透過以上幾點的概括，是為了強調一點：你完全可以成功。因為你的的確確能做到上述幾點，成功就在你身邊，只是有時你離他很近，有時離他很遠。成為腿功悍將的大門永遠為你敞開。

訓練篇

第一節　初學必修

親愛的朋友，從現在開始，就正式進入李小龍超級腿功的學習實踐部分，你作好準備了嗎？

對李小龍超級腿功展開學習訓練，邁好這關鍵性的第一步非常重要，它雖然不能在你學習之初就可獲得非凡的技藝，但卻能為你獲得非凡的技藝指出正確的學習方向，雖事半而功倍，如同在你身上施展了魔法一般。

學習目的

一、培養開展李小龍超級腿功的學習興趣，激發學習熱情。

二、打造從事李小龍超級腿功學習訓練所必備的體能與技能基礎。

目標課程

第一課　準備活動

從事任何一項體育鍛鍊，在訓練活動的開始部分，都必須進行準備活動的練習。因為正確合理的準備活動可以幫你提高肌肉溫度，促進血液循環，減小肌肉的粘滯性，

加大肌肉彈性。既可減小運
動中關節扭傷，肌肉拉傷，
韌帶挫傷等運動的損傷。又
能使你在進行李小龍超級腿
功的時候，將身體調整到最
佳運動狀態，提高訓練效
果。

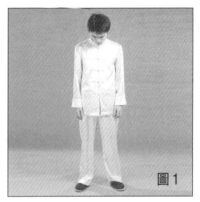

圖1

(一)頸部活動

1.動作說明

進行練習時，先將頭部
向前、後、左、右等各個方
面進行有節奏的振壓。再將
頭部作順、逆時針的環繞練
習（圖1～4），以此充分
活動頸部肌肉。

圖2

圖3

圖4

2.技術要點

練習時注意力量不可太猛，以免拉傷頸部肌肉。

（二）肩部活動

1.動作說明

身體自然站立，在肩部保持放鬆的情況下，以均勻的速度，將雙肩關節作前、後、上、下方向的畫圈動作（圖5～8）。

圖5

圖6

圖7

圖8

2.技術要點

很明顯，這個練習是用來活動肩關節的，因此，身體的其他部位儘量保持放鬆，不作多餘的動作。

(三)軀幹活動

1.動作說明

作這個練習時。將身體放鬆，雙腳左右開立比肩略寬，雙手自然放置於身體兩側（或平舉或自然彎曲等）（圖9）。先將上身軀幹極力向左轉動（圖10），再極力向右轉動（圖11），如此循環練習。

圖9

2.技術要點

在動作過程中，雙腿直立，保持在原位不動，不要受上體的轉動影響而扭轉雙腿。

圖10

圖11

(四)腰部活動

1.動作說明

身體直立、雙腳間距與肩同寬。先將身體向前下俯腰，前俯時，儘量使頭部、胸部貼還雙腿（圖12）。如此保持該姿勢一段時間，或循環該動作數次後，再將腰彎向身體的左、右兩側彎曲（圖13、14）。動作時，有節奏地、勻速向兩側振壓腰部，最後，將身體向後彎腰（圖15）。後彎腰時，在力所能及的情況下，儘量向後彎曲，並直立雙腿。

2.技術要點

做這個練習時，要根據自身的實際能力來做腰部向各個方向的彎曲動作，不要勉強自己，因為這個練習只是熱身而已。

(五)下蹲活動

1.動作說明

身體自然站立，雙手屈肘於胸前，先將雙腿屈膝完全下蹲（圖16）。然後，遠速地站起，將身體直立（圖17），反覆進行。

2.技術要點

動作要輕快、敏捷，保持住這個動作節奏，充分刺激肌肉。

圖 12

圖 13

圖 14

圖 15

圖 16

圖 17

(六)膝部活動

1.動作說明

練習時要將雙腳併攏，雙腿屈膝半蹲，雙手按扶在膝關節上（圖 18）。在此前提下，將雙膝關節在同一個水平面上作順、逆時針的環繞動作（圖 19、20）。

注意，在膝關節的環繞過程中，不要有膝關節上下起伏的現象出現。如此，不但可以活動膝關節，還可使踝關節得到充分的活動。

圖18

2.技術要點

練習時，注意動作幅度，幅度太大易使膝、踝關節受到傷害，也容易使身體不能保持良好的平衡。

圖19

圖20

(七)提膝活動

1.動作說明

在動作過程中，將一條腿支撐身體，而另一條腿屈膝提起，並儘量將膝關節向胸部貼緊、雙腿交替進行（圖21、22）。

2.技術要點

練習時，可利用雙手抱住上提的膝關節，借雙手之力將膝關節貼緊胸部（圖23、24）。

圖21

圖22

圖23

圖24

(八)腿部活動

1.動作說明

以單腿支撐身體,將另一條腿用手搬起,借手部之力將腿向前、向後、向左、向右各個方向搬動。

(圖 25～28)為左側腿部活動的示意圖。

(圖 29～32)為右側腿部活動的示意圖。

圖 25

圖 26

圖 27

圖 28

2. 技術要點

在這個練習，雖然力求將髖關節向前、後、左、右各個方向作最大限度的活動，但雙手不可用力過猛，以免超過髖關節的活動範圍，造成不必要的傷害。

(九)練習方法

1. 習時的強度，頻率應以稍提高身體溫度，微出汗為度。

2.按文中所排列的先後順序進行練習。

3.整個準備活動的練習時間約在 6～7 分鐘為宜。

第二課　提膝啟動的入門練習

意欲獲得超人的踢技，僅僅是注重一味地刻苦訓練還不夠，還要看訓練方法是否全面。通常我們會在訓練中根據自我的主觀意識來對各種訓練方法進行取捨。如此，有時也會捨棄那些看似簡單得不值一提的訓練方法。之所以說這段話，是因為接下來的這個練習就是看起來十分簡單，但你一定要認真對待，切不可因為它的平凡而輕視它，在它的簡單裏面，卻包含著很深的奧義，它會幫助你樹立正確的腿法運動意識，提高你腿法的啟動速度，加強腿法攻擊時的隱蔽性等等，那麼，下面我們就開始練習吧！

(一)動作說明

練習者從左實戰姿勢開始。右腳蹬地，身體重心前移至左腳。右腳隨蹬地屈膝上提，同時腰髖部隨略向左轉、膝蓋朝正前方，踝關節放鬆。雙手自然置於體側，以便於防守或協助身體平衡。提膝高度以腰部為準繩。

（圖 33～35）為該動作的正視圖。

（圖 36～38）為該動作的側視圖。

(二)技術要點

1.提起右腿時，大小腿折疊，膝關節夾緊。小腿、踝關節放鬆，有彈性。

2.提起右腿時的運動軌跡，儘量與地面保持垂直，這

圖 33

圖 34

圖 35

圖 36

圖 37

圖 38

樣能縮短提膝啟動的時間。

3. 提膝的高度與腰平齊。

(三)核心揭密

1. 提膝啟動前，全身放鬆，右腿提膝啟動時的感覺，就如同右腿踩在電源上，被電擊時，猛地將腿抖起。

2. 以腰髖之力來帶動右腿的上提。

(四)練習方法

1. 先進行原地慢速練習，熟練後再進行閃電般的提膝啟動練習。

2. 左、右實戰姿勢，前、後腳交替練習。

第三課　主力攻擊腿法技術定型之——勾踢

勾踢，其快速、準確、參透性強，有較強的殺傷力，是李小龍先生在實戰中應用最為普遍的腿法之一。

(一)動作說明

圖 39

1. 從左實戰姿勢開始，右腳蹬地，身體重心前移至左腳（圖 39）。

2. 右腿膝關節夾緊向前上方提起，同時，左腳為配合右腿的上提以前腳掌為軸，腳跟內旋。髖部略向左轉，右腳膝蓋朝前，

腳面繃直（圖 40）。

3.當將右腿上提至水平高度或水平以上高度時，左腳以前腳掌為軸腳跟內旋約 180 度，同時右膝內扣，右大腿隨之內翻（圖 41）。右腿以膝關節為軸，快速鞭打伸直小腿。小腿帶動右腳向左側前方抽擊，踝關節放鬆，力點在腳背（圖 42）。

4.右腳鞭打後迅速沿出擊路線回收，身體重心後落（圖 43）。

圖 40

圖 41

圖 42

圖 43

圖 44

5.右腳後撤回落成左實戰姿勢（圖 44）。

為了讓讀者能更好的學習勾踢技術，（圖 45～50）為該動作的另一方向的側視圖。

圖 45

圖 46

圖 47

圖 48

圖49

圖50

(二)技術要點

1. 右腳蹬地，身體的轉動，大腿帶動小腿的踢擊，整個過程連貫協調，迅速順暢。

2. 提膝的高度隨目標變化而相應調整，踢擊目標較低時，膝部提起也較低，目標較高時，膝部提起也應較高。

3. 軀幹稍向左後傾，既可保持身體重心平衡，又可配合快速轉髖。

4. 提右腿時，一定要將膝關節緊扣折疊，這樣有利於發力。

5. 左腳應積極配合髖部的左轉，左腳轉動時，腳跟稍有一點踮起。

6. 擊打時，踝關節要放鬆，但腳要稍繃直。

(三)核心揭密

1. 在用勾踢擊打時，腰就要像人的手，大腿似鞭桿，小腿似鞭繩，腳是鞭梢（手拿著鞭桿，掄動鞭繩，猛然一抽，鞭梢狠狠擊中目標）。充分利用身體擰轉的力量把小

腿甩出去，注意充分利用腰部發力。

2. 踢擊時，使身體的轉動和大腿前擺的加速度慣性得以充分利用，增加打擊力度。轉身和擊打一定要同時進行，有效發揮二者合力。

3. 小腿被甩出後，在甩直抽擊目標的一剎那，要有一個制動定位的過程，使腳背產生鞭打效果。

(四)練習方法

1. 先採用分解學習法。原地慢速進行右腿提至水平或水平以上位置的局部動作練習。

2. 原地慢速練習以腰帶動大腿，催動小腿，輕輕沿橫向水平擊打與回收的局部動作。

3. 手扶牆壁或樹幹等，進行原地慢速的完整勾踢動作練習。

4. 左、右實戰姿勢，前、後交替練習。

5. 按上述練習方法 1、2、3、4 的先後順序，在熟練前一個練習方法的基礎上，進行下一個練習方法的學習，練習中切不可追求動作的速度與高度。

第四課　主力攻擊腿法技術定型之——側踢

相信許多朋友都從影片中看到李小龍先生側踢的強悍摧毀力。側踢是實戰中用於阻截與迎擊的主力重創型腿法。力量大，又利於自身防守，是李小龍先生鍾愛的腿法之一。

(一)動作說明

1. 從左實戰姿勢開始，右腳蹬地，身體重心前移至右

腳（圖 51）。

2. 以左腳支撐體重，右腿大小腿夾緊，屈膝沿直線上提（圖 52）。

3. 左腳以前腳掌為軸外旋約 180 度。同時上體左側傾，右膝內扣，收於腹前。大小腿夾緊，膝蓋朝內（圖 53）。

4. 右腿展髖，並以髖關節和膝關節為軸迅速沿直線伸展，右腳腳尖勾緊，右腳掌快速向身體側前方直線踢出。右腳伸直，力達腳跟或腳掌外側（圖 54）。

圖 51

圖 52

圖 53

圖 54

圖 55

5.踢擊目標後，右腳迅速放鬆屈膝回收，沿出擊路線回收（圖 55）。

6.右腿落回原地成左實戰姿勢（圖 56）。

為了讓讀者能更好的學習側踢技術，（圖 57～62）為該動作的另一方向的側視

圖 56

圖 57

圖 58

圖 59

圖 60

圖 61

圖。

(二) 技術要點

圖 62

1. 身體的轉動要以支撐腳的前腳掌為軸轉動。

2. 踝關節要自然勾起，不應過分緊張用力。

3. 側踢時胯的微轉，右腳由屈到伸，身體的適度側傾要有機地配合好。

4. 踢擊目標的瞬間，頭、肩、腰、髖、膝、踝在同一平面直線內。

5. 兩眼在動作過程中始終注視目標的變化。

(三) 核心揭密

1. 側踢時，就如同一個被壓縮的彈簧，在解除壓縮的一剎那，猛烈地向前撞擊。

2. 側踢時，如何做到像彈簧一樣壓縮來蓄勢儲力？具體方法是踢擊發力前，充分地收腹，含胸，將腿屈髖內收，蓄勢待發。在踢擊發力時，則要充分展腰送髖，並將身體重心向攻擊目標移送，有利於動作發力及伸展打擊距離。

3. 為了使你的攻擊力具有穿透性，在擊中目標的瞬間將腳掌內旋，產生一種螺旋向前的滲透力。

(四)練習方法

1. 原地慢速進行提膝反髖（翻胯），膝關節向腹部內收，蓄勢待發的局部動作練習。

2. 原地慢速練習挺腰，展髖、大腿催動小腿按直線踢出發力與回收的局部動作。

3. 手扶支撐物進行原地慢速的完整側踢動作練習。

4. 左、右實戰姿勢，前、後腳交替練習。

5. 按上述練習方法的順序，在熟練前一練習方法的基礎上，進行下一個練習方法的學習。練習中以培養正確動作規格，及在正確、規範踢擊時的機體感覺為學習重點，不追求動作速度、高度。

第五課　主力攻擊腿法技術定型之——擺踢

擺踢有著其他踢法不可比擬的方面，因擺踢的打擊路線特殊性，往往可在打擊對手的同時就可以避免對手的常規進攻。由於打擊力度小，一般不經常用於主動進攻。

(一)動作說明

1. 從左實戰姿勢開始，右腳蹬地，身體重心前移至左腳（圖63）。

2.以左腳支撐身體，右腿屈膝上提向前，身體向左轉動（圖64）。

3 左腳以前腳掌為軸外旋約180度，同時，右腿膝蓋朝左稍內扣，身體隨之側傾（圖65）。

4.右腿由屈到伸向左側前方踢出（圖66）。踢直後，右腿借踢腿時的反彈力，猛力挺髖並將右腿屈膝

圖63

圖64

圖65

圖66

扣小腿，用腳掌向右橫向鞭擊目標（圖 67）。

5.鞭打結束後，放鬆屈膝回收（圖 68）。

6.右腳落回原地成左實戰姿勢（圖 69）。

為了讓讀者能更好的學習擺踢技術，（圖 70～76）為該動作的另一方向的側視圖。

（二）技術要點

1.轉動支撐腿腳掌與提膝轉髖同時完成。

圖 67

圖 68

圖 69

圖 70

圖 71

圖 72

圖 73

圖 74

圖 75

圖 76

2. 起腿後右腿屈膝抬過水平，然後內扣。

3. 右腳掌向右鞭打時要屈膝扣小腿，小腿與足儘量橫向鞭打。

4. 在開始時小腿要自然放鬆，在接觸目標的瞬間繃緊腳面，用腳掌擊打。

(三)核心揭密

1. 由於擺踢與側踢的發力特點不同，故做擺踢時，在提膝內收向腹部時，不要像側踢一樣膝部內收動作過大，這樣影響整個擺踢的動作速度，應是稍將膝部內扣。擺踢的技術性動力是擊打目標瞬間的奮力挺髖，屈膝和擺小腿，外加一個支撐腿的轉動而產生的。為了加大攻擊力度，練習者在攻擊目標時，一定要借用右腿由屈到伸，踢直後的反彈力，這也是為什麼做擺踢不是直腿撩起踢擊目標的原因。

2. 另外一個可增加打擊力度的秘密是，右腿伸出時，應朝左斜向蹬伸，這樣使右腳與目標之間有一定的弧度與距離可供擺動，增加了打擊時鞭打的力距，使腿法可利用慣性力來鞭擊目標，而不是右腿直接蹬伸向目標後，僅用腿部彎曲收縮的力量。

(四)練習方法

1. 原地慢速進行提膝內收後向左側前方將腿斜向踹直的局部動作。

2. 原地慢速進行，接觸目標時，挺髖、屈膝扣擺小腿的發力動作。

3. 手扶支撐物進行原地慢速地完整擺踢動作練習。

4. 左、右實戰姿勢，前、後腳交替練習。

5. 按上述練習方法的先後順序一步一步地進行學習。注意體會動作過程中的機體感覺及正確規範踢擊時的動作方法。

第六課　主力攻擊腿法技術定型之——旋踢

它是所有腿法中難度最大的技法之一，由於動作幅度大，打擊路線長，而且是轉身出擊，所以常常使對手莫名其妙而被擊倒，旋踢不但可以主動攻擊，而且更可以反擊對手的任何攻擊。

(一) 動作說明

1. 從左實戰姿勢開始（圖 77）。

2. 以左腳前腳掌為軸內旋約 90 度，形成左腳尖斜向後方，左膝內扣，右腿前腳掌同時蹬地外旋。頭看目標（圖 78）。

圖77

圖78

3. 以頭部迅速帶動軀幹快速右轉動，使身體像擰緊的發條（圖 79）。

4. 身體重心移至右腿，兩眼注視目標，右腿自然屈膝提起（圖 80）。

5. 身體繼續旋轉，右腿借旋轉的力，由右側下方經體側下方向身體的右側後上方蹬伸擺動，從而使右腿在運動過程中向後畫了一個半圓形的水平弧線（圖 81）。

6. 當右腳蹬伸擺動到接近目標時，迅速將右膝完全伸展，腰和大腿主動用力，繼續向右水平畫弧橫擺，用右腳掌或右腳跟踢擊目標（圖 82）。

7. 擊打後，身體重心依然在左腿，右腿鞭打後順勢放鬆（圖 83）。

8.右腳自然收落原地，仍成左實戰姿勢（圖 84）。

為了讓讀者能更好的學習旋踢技術，（圖 85～92）為該動作的另一方向的側視圖。

圖 79

圖 80

圖 81

圖 82

圖 83

圖 84

圖 85

圖 86

圖 87　　　　　　　　圖 88

圖 89　　　　　　　　圖 90

圖 91　　　　　　　　圖 92

(二)技術要點

1. 上體可適當側傾，以維護身體平衡。

2. 擊打點在正前方，是水平的弧線，擊打目標以頭部為佳。

3. 為了減少動作預兆，待動作熟練後，頭帶動軀幹轉動幾乎同時進行。轉身與後擺腿的動作幾乎同時進行。

4. 為了使啟動速度更快，開始轉身時一定要將兩腿儘量夾緊。

5. 身體的轉動不得低於 360 度，否則很難直接收腿，也難發出自己的最大攻擊力量。

6. 小腿在開始時，要自然放鬆，在接觸對方頭部時，再將腳面瞬間繃緊。

(三)核心揭密

1. 旋踢是轉身弧線進攻踢法，身體轉動 360 度左右，故稱旋踢。旋踢時，上體必須領先右腿轉動，右腿留在後面，待軀幹轉動超過 90 度後，右腿繼而迅速後擺，這樣會使身體積蓄很多勁力，像擰緊的彈簧，在右腿踢擊目標時就會既有速度又有力度，形成鞭打效果。因此，在做旋踢時一定要按下列順序：扣腳──轉頭──轉軀幹──提右腳──轉腰──擺右腿。

2. 由於做旋踢時，身體有較大幅度的轉動，而且轉動的瞬間目光將離開對手，這就給完成這一踢法增加了難度。故做旋踢時，身體的轉動一定要以頭部的轉動為先導，這樣不僅縮短了目光離開對手的時間，而且反射性地

加速了身體的轉動速度，這無疑會加快旋踢的動作速度，產生較大的慣性。

(四)練習方法

1. 原地慢速進行轉身提膝為局部動作練習。

2. 原地慢速進行後擺腿橫擊目標的局部動作。

3. 原地慢速進行完整的旋踢動作練習。

4. 左、右實戰姿勢交替練習。

5. 按上述練習方法的先後順序一步一步地進行學習。注意體會動作過程中的機體感覺，以培養正確、規範的動作規格為目的，不要追求踢擊的速度及高度。

第七課　踢擊運動軌跡的鞏固

在前面的第三至六課中，你已系統地學習了李小龍超級腿功中的幾種常用主力攻擊腿法，為了能更好地掌握住這些腿法的技術動作。有必要採用一些特殊的技術及手段對已掌握的腿法進行技術上更深層次，更高領域的攀登，使得你朝心中的目標又前進了一大步。

(一)準備工作

進行這個練習時，需要準備一個比腰略高的方凳來幫助我們完成訓練。

(二)勾踢的運動軌跡鞏固

1.動作說明

① 在身體的一步之遙處放置好一張也準備好的凳子，

然後以實戰姿勢，正對著凳子站立（圖93）。

②面對方凳，以標準的勾踢動作進行踢擊練習，踢擊時，腳從凳子上方越過，踢擊的高度要高過腰或凳子（圖94、95）。

③完成踢擊後，恢復成實戰姿勢，準備進行下一次的踢擊動作。

圖93

2.技術要點

①在進行勾踢的動作過程中，因為在前方放有一張凳子，故不論是將腳踢出或收回時，都會從凳子上方越過，但切記不要讓腳碰撞到凳子。

②進行這個練習時，在面前放一張凳子為踢擊設置障礙，目的是為了提醒練習者進行踢擊時，要保持正確的動作要領，或者幫助練習者糾正錯誤動作。

圖94

圖95

(三)側踢的運動軌跡鞏固

1.動作說明

① 在身體的一步之遙處放置好凳子後，以實戰姿勢正對著凳子站立（圖 96）。

② 正對著凳子，按標準的側踢動作，進行：抬腿──出腿──收腿──還原來進行踢擊練習，踢擊時的高度要高過腰（圖 97、98）。

③ 恢復到實戰姿勢，準備中行下一次的踢擊。

2.技術要點

① 踢擊時，不要怕腳會碰撞到凳子，而有意地改變踢擊動作要領，只要練習者按照正確的踢擊要領進行練習，腳在踢擊時，是始終都不會碰撞到凳子的。

圖 96

圖 97

圖 98

② 一定要切記這個練習的目的是幫我的鞏固正確的踢擊動力定型。

（四）擺踢的運動軌跡鞏固

1. 動作說明

① 同前兩個練習一樣，在身體的一步之遙處放置好凳子後，以實戰姿勢正對著凳子站立（圖 99）。

② 正對著凳子，以標準的擺踢動作讓腳從凳子上方踢出與收回（圖 100～102）。

圖 99

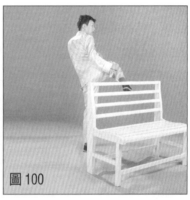
圖 100

圖 101

圖 102

③ 恢復到實戰姿勢，準備進行下一次踢擊動作。

2.技術要點

① 既然腳在踢出與收回時會從凳子上方越過，那麼踢擊的高度一定要高過腰或凳子。

② 動作要流暢、自然，不要受凳子的影響。因為凳子不是讓你改變動作，而是更規範地完成動作。

（五）旋踢的運動軌跡鞏固

1.動作說明

圖103

① 同樣是在身體的一步之遙處放置已準備好的凳子，正對著凳子以實戰姿勢站立（圖 103）。

② 正對著凳子，按照標準的旋踢要領來進行踢擊練習，讓腳從凳子上方越過（圖 104～107）。

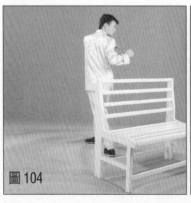

圖104

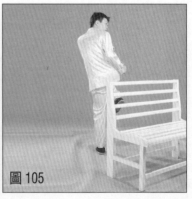

圖105

圖 106

圖 107

③ 恢復到實戰姿勢，準備下一次的踢擊。

2.技術要點

① 凳子的高度不要太高，也不要太低，稍比腰高就可以了，凳子太高或太低，不但起不到幫助你練習的目的，反而妨礙了你此時的學習進步。

② 腳不要因為怕會碰到凳子而有意將腳踢得過高，這樣會導致你的踢擊動作變形。

③ 在進行練習時，踢擊動作不要過快，要以慢速來進行練習，以便使練習者能體會到踢擊到作過程中的機體感覺。

(六)練習方法

1.以左、右實戰姿勢，前、後腳交替練習。

2.以一隻腳按一種踢擊動作反覆進行 20～30 次為一組。

3.在一次訓練課中，儘量集中於一個踢擊動作上。

第八課　腰腿肌力強化

在今後的訓練中，你將會經由一系統的學習，來讓自己的腿法獲得超人的攻擊速度及威猛的踢擊爆發力等。但這都得有一些前提條件，其中之一就是需要你得有強大的腰腿力量基礎。

在這一課，為你提供了四個效果非凡的方法，它會幫助你迅速提高腰、腿部位的肌肉力量與耐力，這些方法當年已被李小龍先生親身證明過。

(一) 單腿下蹲練習

傳統的腿部力量訓練方法是用雙腿克服一定的重量來進行力量練習如：雙腿深蹲，雙腿提蹲等。

這些動作需要練習者肩扛一個大重量的槓鈴來進行力量練習，這樣很容易使練習者的雙肩關節、椎骨等受到運動損傷。

而單腿下蹲練習，就是指在進行力量訓練時，用單腿來克服自身的重量來提高腿部肌肉力量。

這樣，不但使練習者受傷幅度大幅度減小，同時還能有效地提高拳手的身體平衡能力，提高肌肉間相互協調能力。同時單腿下蹲練習比一般的雙腿負重練習更能有效地提高力量與爆發力。

1. 動作說明

① 練習時，將一條腿提起離地，僅用一條腿支撐身體的重量（圖 108）。

②支撐腿彎曲，將身體下蹲，另一條腿提起離地保持不動（圖109）。

③身體完全下蹲後不停（圖110），立即將身體奮力挺起，將支撐腿挺直（圖111）。

④支撐腿再繼續重複下蹲、起立的動作。

⑤一條腿重複多次單腿下蹲練習後，換另一條腿重複該動作多次（圖112～115）。

圖108

圖109

圖110

圖111

圖 112

圖 113

圖 114

圖 115

2. 技術要點

①該練習採用單腿交替進行。運動時，一側腿進行運動，另一側腿進行短時、有規律地間歇，能很快消除疲勞。

②練習時動作要快速，更有利於發展力量與爆發力，平均每秒完成動作 1 次。

(二)單腿縱跳摸高

大家都知道進行跳躍練習，是發展腿部力量與爆發力的有效手段之一。但一般採用的手段是同時用雙腿來克服體重進行跳躍練習，這樣就等於每條腿只克服一半的身體重量，無法幫助練習者挖掘腿部力量與爆發力的潛力。如果我們用一條腿來克服全部的身體重量進行跳躍練習——單腿縱跳摸高，那麼效果就可想而知了。

1.動作說明

① 將一條腿屈膝提高地面，另一條腿屈膝半蹲支撐著身體重量（圖116）。

② 支撐腿由屈膝半蹲狀態發力奮起上跳，同時，手臂揚起盡力向上摸高（圖117）。

③ 身體跳起落下後，支撐腿仍成屈膝半蹲狀，另一腿仍提起來，再迅速地跳起來。

圖116

圖117

圖 118

圖 119

④ 一條腿跳躍多次後，換另一條腿進行跳躍練習（圖118、119）。

2. 技術要點

① 身體落地後，迅速再跳起，落地與跳起之間沒有停頓。

② 盡力向上跳得更高，以期發揮出更大的潛力。

（三）仰臥起坐轉體

應該許多朋友都做過這個練習，也知道這個練習是發展腹部肌肉力量與耐力最有效的手段之一。這樣，你不用對該練習方法進行專門的學習，就可以馬上開始你的練習。但是，我還是得提醒你，請嚴格按照下面介紹的方法進行練習，這會使你進步得更快。

1. 動作說明

① 身體躺在地面上，將雙腿微屈，並固定住雙腳，雙手抱住後腦（圖120）。

② 以腹部肌肉用力，將上半身完全挺立坐起（圖

圖 120

圖 121

圖 122

圖 123

121）。

③上半身儘量前俯，並以左肘關節碰右膝蓋（或以右膝關節碰左膝關節），使收縮的腹肌向對側用力（圖122、123）。

④上半身再緩緩地後躺。

⑤身體完全躺下後，接著做上述動作。

2.技術要點

①一定要保持雙腿微屈，切勿直腿。

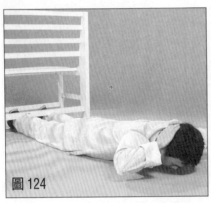

圖 124

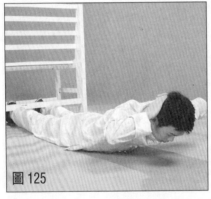

圖 125

圖 126

② 練習時應慢慢地用力將軀體坐起，並慢慢地用力將軀體躺下，使整個動作過程中，腹部肌肉都在持續用力。

(四)山羊挺身

這是一個非常有效的背部肌力練習方法。當然，你也許會認為我說的還不夠全面。的確，它同時還會鍛鍊到臀部及大腿的肌肉勁力，而這幾個部位都是踢擊時的關鍵發力之處，是格鬥拳手們經常採用的力量練習方法之一。

1.動作說明

① 將臉部朝下，趴在地面上，雙腳固定，雙手放置於後腦，全身上下伸直（圖 124）。

② 腰背肌用力將上身挺起，直到不能再高為止（圖 125、126）。

③在最高點停住，堅持 1～2 秒。

④慢慢下降身體至最低點後，重複上述動作過程。

2.技術要點

①整個動作過程中，腿繃直，肌肉保持緊張。

②注意腰背肌始終繃緊用力，避免利用慣性力。

③一定要在最高點上，以腰背肌用力堅持住 1～2 秒。

(五)練習方法

1.先進行「單腿下蹲練習」及「單腿縱跳摸高」兩種練習，左、右腿各連續做 10 下為一組。左、右腿各 4～5 組，組間沒有休息時間。

2.接下來進行「仰臥起坐轉體」及「山羊挺身」兩種練習各進行 3 組，每組的次數以身體力盡為限。每組間休息 1 分鐘。

第九課　放鬆跑

放鬆跑又可稱為慢步跑，顧名思義，就是用較慢的速度進行跑步的方法。該方法能使訓練時疲勞的身體進入到休息狀態，從而全面促進訓練後疲勞肌肉群的恢復。

對於練習者來說，身體的放鬆恢復同訓練一樣重要。在訓練後，使身體得到良好的放鬆與恢復，有利於練習者以良好的身體狀態進入到下一次的訓練之中，確保訓練時的品質。

通常採用放鬆跑的方法是以 800～1200 公尺的距離進行慢速跑步，跑完全程的時間為 5～6 分鐘。

第十課　肌肉抻拉練習

為了能更好地讓疲勞的肌肉由緊張狀態進入到放鬆狀態，能得到更充分、更積極的恢復。你在接下來還要進行肌肉抻拉練習，它是利用牽拉肌肉的方法，使緊張疲勞的肌肉得到放鬆。

(一)站立體前屈

該動作會使背、腰、臀、股二頭肌等部位得到牽拉，從而進入放鬆狀態。

1. 動作說明

身體放鬆，自然站立。從髖關節開始，上體利用自身的重量儘量前屈，肩、臀放鬆下垂（圖 127）。

2. 技術要點

膝關節可微彎，這樣能減少直腿體前屈造成的腰部壓力，並防止膝關節過度伸直。

(二)坐姿體前屈

該動作可以讓大腿內側、臀肌等部位得到牽拉，進入到恢復狀態。

1. 動作說明

兩腿分開坐好，上體從臀部開始前傾，雙手在體前扶地前伸，腳尖保持朝上（圖 128）。

2. 技術要點

頭與肩不要往前探，這會造成弓背並給予腰部太大壓力，保持腰挺直。

圖 127

圖 128

(三)展臂擴胸

該動作使肩、上臂、胸大肌得到充分的牽拉，從而進入休息狀態。

1. 動作說明

雙手屈肘平舉與肩高，以最大幅度向身體後方進行揮臂運動，保持抬頭挺胸（圖 129）。

圖 129

2. 技術要點

保持兩臂與肩同等高度，否則肩關節受力太大，影響肩胛骨的正確位置。

(四)坐姿後壓腿

該練習可以使踝、膝、股四頭肌得到牽拉，進入休息狀態。

圖130

1.動作說明

身體跪立地面，腳尖後伸，身體跪壓在雙腳上，感到大腿前側有拉力感（圖 130）。

2.技術要點

腳與小腿都不可外偏，避免拉傷膝關節內側韌帶，膝、踝有傷者不宜做這個練習。

(五)練習方法

以上各個動作保持在靜止姿勢 10～15 秒後，再慢慢還原，重複多次。

課程安排

完成本階段的學習課程需要 16 天，每天的訓練時間為 60 分鐘，練習者可以安排每週進行 5 天或 6 天的訓練，具體情況視練習者本人實際情形而定。

本階段的課程安排由 5 個課程安排模式組成，第 1～3

天進行課程安排表 A 的練習，第 4～6 天進行課程安排表 B 的練習，第 7～9 天進行課程安排表 C 的練習，第 10～12 天進行課程安排表 D 的練習，第 13～16 天進行課程安排表 E 的練習，具體內容如下：

一、課程安排表 A

練習內容	準備活動	提膝啟動的入門練習	勾踢	腰腿肌力強化	放鬆跑	肌肉抻拉練習
練習時間（分鐘）	6	5	29	12	5	3

二、課程安排表 B

練習內容	準備活動	提膝啟動的入門練習	側踢	腰腿肌力強化	放鬆跑	肌肉抻拉練習
練習時間（分鐘）	6	5	29	12	5	3

三、課程安排表 C

練習內容	準備活動	提膝啟動的入門練習	擺踢	腰腿肌力強化	放鬆跑	肌肉抻拉練習
練習時間（分鐘）	6	5	29	12	5	3

四、課程安排表 D

練習內容	準備活動	提膝啟動的入門練習	旋踢	腰腿肌力強化	放鬆跑	肌肉抻拉練習
練習時間（分鐘）	6	5	29	12	5	3

五、課程安排表 E

練習內容	準備活動	提膝啟動的入門練習	踢擊運動軌跡的鞏固	腰腿肌力強化	放鬆跑	肌肉抻拉練習
練習時間（分鐘）	6	5	29	12	5	3

學習總結與測試

一、看看自己在按照文中安排的運動量來完成練習，是否感到運動量較大？

二、清楚地瞭解各種基本腿法的動作過程。

三、有足夠的熱情及信心來進行接下來的訓練。

第二節　腿功築基

　　對已掌握的腿法進行鞏固，這就猶如對正在建築的摩天大樓進行地基施工一樣，要想大樓聳立得更高，那麼地基的施工就越艱巨。這個道理大家應該都知道，但卻往往又被大家所忽略。若要達到預期的學習效果，基本功一定要紮實。

學習目的

　　一、培養科學、規範的腿法動力定型。
　　二、大幅度提升腰、腿部位的力量與耐力。
　　三、提高學習李小龍超級腿功的熱情，在困難面前不氣餒，堅定學習信心。

目標課程

第一課　生物修練

　　李小龍先生的生物修練法一直被披著一層神秘的面紗。實際上，它是李小龍先生對中國傳統氣功，佛家禪宗等，不斷進行研修而獲得的一種內功修練法門。以將自身的潛能充分挖掘並發揮出來為目的。李小龍的生物修練分為兩部分：

　　一部分是以激發人體內在潛能的內力聚集練習；一部

分是以消除肉體和精神疲勞的超級恢復練習。

(一)內力聚集練習

有關於內力的修習方法，在我國已有五千年的歷史，它以多種名稱而存在，如：導引、吐納、坐禪、煉丹、行金等。但都是由調身、調息、調心等方法來調節和增強人體各部分機能，增強真元之氣，鍛鍊精與神，誘導和激發人體內在潛能，產生不可思議的超能力。

唐、宋以來，武術大興，內力的修習被廣泛地運用於武術之中。李小龍先生的這套內力修練方法很大部分是受上述思想的影響而來的。

1. 動作說明

以一個感到比較舒適的姿勢盤坐在床上或地上，坐姿端正（圖1）。

解除腰帶、領扣、襪子等緊身之物。身體逐漸放鬆下來，雙眼睜開或微閉、舌抵上腭、調整呼吸、以鼻吸氣、以口呼氣。吸氣時，心中默數 1、2、3、4、5，節律同秒針速度或略慢些，即為吸氣時用 5 秒鐘，接著進行呼氣，呼氣時心中默數 6、7、8、9、10，節律同吸氣。不論是吸氣還是呼氣，都要做到氣息均勻、細長，不可有呼吸之氣。同時，以左手輕捂右耳，心中默想「放鬆」，無須意守丹田，保持此式（圖2）。

按上述要求一呼一吸各 30 次（大約 5 分鐘）後，按上述的坐式要領，呼吸方法，換成右手輕捂左耳進行呼吸 30 次的練習（圖3）。

接下來再進行雙手交叉捂耳，右臂在外，左臂在內

圖1

圖2

圖3

圖4

（圖4），呼吸30次後即完成了本功的練習。大約全部功法需15分鐘。

2.技術要點

本功的要點在於身體與精神上的放鬆，還有就是氣息的均勻、細長。堅持練習本功兩週後，你的舌頭和下腹有種難以名狀的異樣感。同時，在手與手，手與耳接觸後會變涼，反之會出汗，身體感覺比以前輕巧許多，全身動作頻率會加快且有勁。

再過一段時間，會感到雙臂有力，時而似有螞蟻在手臂內向指尖爬。身體軟時如棉、硬時似鐵，拳腳速度驚人，更有更深層次的功效，你在經過更長時間的練習後自會發現。

(二)超級恢復練習

這個練習是李小龍先生的生物修練法，有別於中國傳統內功修練方法的新穎之處。這個練習除了繼承了中國傳統的內功修練方法，又融入了西方哲學、心理學及現代體育學科知識等。

超級恢復練習實際上是一種特殊的呼吸方法，它不僅能使訓練後的內臟疲勞很快消除，迅速平息訓練造成的神經系統和內分泌系統的應激狀態，而且能立即增強全身的血液循環，增加給肌肉輸送的營養和氧氣，促進機體快速恢復、增長。

此外，實踐證明，該技術還具有更可貴的價值，如極大地增強人體的疾病的自然治癒力，增強消化系統功能和心肺功能，培養堅定的意志品質，改善心理狀態，控制情緒，集中注意力等。對我們遠離疾病和保持良好的訓練，生活心態和賽前心理調整等具有不可替代的作用。

1. 動作說明

這個練習實際上是一個呼吸運動，一個超級呼吸運動，要求先呼後吸。進行這個超級呼吸運動時，呼吸時的要領是長呼氣。

一般來講，10秒、20秒的長呼氣並不難，30秒的長呼氣只要稍微努力也很快就能辦到，然而50～60秒的長呼氣卻並不容易，必須經過努力才能做到。而呼氣後的吸

圖5

圖6

氣，只需做到比平常的吸氣更均勻、細長、充足即可。

進行超級呼吸練時最好採用與「內力聚集練習」一樣的坐姿要領，雙手可自然地放在膝蓋上（圖5、6）。進行這個練習的時間為 10～15 分鐘，條件允許的話，可在課外增加 10～15 分鐘的練習時間，以期獲得更好的效果。

2. 技術要點

① 不要一開始就做 50～60 秒的長呼氣，容易令人生厭，也使初學者易陷入誤區。因為初學者往往心存雜念，靜不下來，又好勝心切，很快心中產生不安和種種疑慮。好好耐心堅持一段時間，不久就能自然地做長呼氣了。

② 呼氣要用心，若像生氣似的大力呼氣，就不會有節奏感，呼氣同時下腹部施壓，腹部逐漸向內收緊，似乎要貼在脊椎上，這樣才能最大限度地進行內臟按摩，同時把淤積在內臟中的靜脈血擠出來。

③ 呼氣時，肩膀不要用力，上半身儘量放鬆。若肩用力，則會不由自主地對上半身施力，力量就不會用在真正需要用力的下腹部上。

(三)練習方法

1. 上述兩功法在練習時均要鬆靜自然，心無雜念，意氣合一，循序漸進。另外就是在於堅持，天天堅持，天長日久，習慣成自然，就會終生受益。

2.「內力聚集練習」安排在每天訓練課的最前面，「超級恢復練習」安排在每天訓練課的最後面。

3. 本功法貴在堅持，即使是當天沒有訓練課，也要安排時間進行本功的練習。

第二課　準備活動

具體的學習內容同「初學必修」中的準備活動，但在這一章中，你要更加注重準備活動練習的品質。這也是因為你在接下來的學習訓練中，學習任務也會更艱巨。準備活動必須做得更加充分才行。

第三課　提膝啓動的強化練習

在已熟練掌握腿法提膝啟動技術的基礎上，增加一些有關於腿法提膝啟動技術練習的多樣性，新穎性，對腿功水準的提高，將起到莫大的幫助。

在本課中為大家所列出的幾個練習，將會為你成就排山倒海般的連環踢擊，迅猛靈活的閃電踢擊等打下堅實的基礎。

(一)單腿連續提膝啓動

這個練習的目的是為了更加地熟練腿法提膝啟動的正確

技術動作，以及培養在實戰中連續起腿攻擊對方的意識。

1.動作說明

　　以實戰姿勢站立，一條腿以標準的技術動作和要領向前上方作腿法提膝啟動練習（圖 7～10）。動作完成後，迅速恢復到實戰姿勢，並接著進行下一次的提膝啟動練習，如此連續重複地進行 6～8 次後，再換另一條腿進行同樣的練習 6～8 次（圖 11～14）。

圖7

圖8

圖9

圖10

圖 11

圖 12

圖 13

圖 14

2. 技術要點

①作這個練習時，要以動作品質為主，在保證高標準動作品質的情況下進行連續快速的提膝啟動練習。動作要流暢、自然、迅捷。

②每作一個提膝啟動的練習，完成後都要恢復到實戰姿勢，方可接著進行下一次的提膝啟動練習。在保持實戰姿勢的基礎上進行連續的提膝啟動練習。

(二)雙腿連續提膝啓動

這個練習除了能培養在實戰中連續起腿攻擊對方的意識，更可提高練習者在實戰中身體的靈活性。

1.動作說明

在保持實戰姿勢的前提下，一條腿向前上方作標準的提膝啟動一次後（圖 15、16），迅速地恢復到實戰姿勢，接另一條腿向前上方作標準的提膝啟動一次（圖 17、18）。

圖 15　　　　圖 16

圖 17　　　　圖 18

如此雙腳交替進行練習 6～8 次為一組,多組重複。

2. 技術要點

① 體會在練習時儘量地將身體放鬆,它是保持動作輕快,迅捷的關鍵。練習各種腿法或其他技能也應如此,因為它還是節省體力的關鍵。

② 在有高品質動作的情形下,才能追求連續提膝啟動的速度。

(三) 變換方向連續提膝啟動

這個練習在具有上述兩個練習作用的同時,還強化了練習者在實戰中快速變換方位向對手發動進攻的能力。

1. 動作說明

以實戰姿勢站立,練習者先向身體的一側轉動身體,並同時進行單腿提膝啟動、或單腿連續提膝啟動、或雙腿交替連續提膝啟動。接著,在恢復實戰姿勢的情形下,迅速向身體的另一側轉體,並同時作提膝啟動練習。反覆6～8 次為一組,多組重複。

(圖 19～21)為向右轉體變換方向提膝啟動的動作示意圖。

(圖 22～25)為向左轉體變換方向提膝啟動的動作示意圖。

(圖 26～32)為連續轉體變換方向的同時進行連續提膝啟動的動作示意圖。

圖 19

圖 20

圖 21

圖 22

圖 23

圖 24

圖 25

圖 26

圖 27

圖 28

圖 29

圖 30

圖 31

圖 32

2. 技術要點

① 練習時，精力要集中，不可有輕視的態度，不要誤認為此練習很簡單，就隨便練習一下。

② 時刻注意自己的動作品質。

③ 提膝啟動時，膝部所被提起的高度與腰平。

(四) 負重提膝啓動練習

在上述練習有了一定的基礎後，將小腿綁上一個沙綁腿來作上述各種方式的提膝啟動練習。

（圖 33～35）為以左實戰姿勢進行負重提膝啟動練習的動作示意圖。

（圖 36～38）為以右實戰姿勢進行負重提膝啟動練習的動作示意圖。

圖 33

圖 34

圖 35

圖 36

圖 37

圖 38

(五)核心揭密

1. 時刻注意，將雙肩放鬆，上體保持正直，切勿後仰。

2. 以腰髖之力將腿提膝啟動。

3. 在保證動作高水準的前提下，逐漸地加快提膝啟動的頻率。

(六)練習方法

1. 在平時的訓練中，上述各種練習互相替換進行，不可只偏於某一種練習。

2. 在一次訓練課中，由於時間有限，最好只集中於一種練習，待到下一次訓練課時，進行另外的練習。

第四課　高位踢擊練習

將腳踢到與自己頭部同樣的高度的確很瀟灑。但對初學者來說，盲目地進行高位踢擊動作容易使踢擊技術動作走樣，產生不良的變形，它需要一個科學的訓練過程。經過這個訓練過程後，你不但可以完成漂亮的高位踢擊動作。而且身體的協調性、靈活性、平衡能力、動作的流暢性、熟練程度、學習熱情等都將達到一個新的高度。

在進行勾踢、側踢、擺踢、旋踢等幾種基本腿法的高位踢擊練習時，它們的動作方法都是按照各自的技術要領進行，只是將腳所踢擊的高度向上進行提高，具體方法如下：

(一)勾踢高位踢擊

1.動作說明

如（圖 39～44）所示。以左實戰姿勢站立，右腳蹬地，身體重心前移。右腳屈膝上提，雙手置於體側，支撐腿以前腳掌碾地外旋，髖關節左轉，左膝內扣。左腳掌繼續外旋至 180 度，右腿膝關節向前儘量抬高。隨繼小腿快速向左前上方橫向踢出，腳背繃平，身體略後仰，目視腳

圖 39

圖 40

圖 41

圖 42

圖43

圖44

尖方向。擊打目標後迅速放鬆收回小腿，右腿落回原地成左實戰姿勢。

2. 技術要點

①在保持規範、合理的勾踢動作要領下，在力所能及的範圍內，提高踢擊高度。

②以腰髖之力帶動小腿向高處擊打。

③動作自然，不可刻意追求踢擊高度。

(二) 側踢高位踢擊

1. 動作說明

如 (圖45～50) 所示。以左實戰姿勢站立，右腳蹬地，身體重心前移，右腳屈膝上提，雙手握拳置於體側。左腳以前腳掌為軸外旋180度，上體左側傾，右膝內扣收於腹前，膝蓋朝內。隨即右腿展髖，並以髖關節和膝關節為軸，迅速沿直線伸展，右腳掌快速向身體側前上方直線踢擊，腳尖勾起，力達腳跟，目視腳後跟踢擊方向。

擊打目標後，迅速將腳按踢擊路線返回，仍恢復到左

圖 45

圖 46

圖 47

圖 48

圖 49

圖 50

實戰姿勢。

2. 技術要點

① 由身體的積極配合來將腳踢得更高，而非將腳在踢擊時刻意上抬。

② 上體不要側傾過多，以免破壞身體的平衡、發力、踢擊控制力等。

③ 當你踢擊的位置越高時，那麼，你的踢擊腿在上提的過程中，也應抬得越高。

（三）擺踢高位踢擊

1. 動作說明

如（圖 51～57）所示。以左實戰姿勢站立，右腳蹬地，身體重心前移，以左腳支撐身體。右腿屈膝上提，髖關節向左移動，左腳掌外旋約 180 度。同時右腿膝蓋

圖 51

圖 52

圖 53

圖 54

圖 55

圖 56

圖 57

朝左稍內扣，身體隨之側傾，右腿由屈到伸左側前上方踢擊。踢直後，右腳借踢腿時的反彈力，猛力挺髖，並將右腿朝右屈膝扣小腿，用腳掌向在橫向鞭擊目標，目視踢擊方向。擊打目標後，迅速將腳屈膝回收，仍成左實戰姿勢。

　2.技術要點

　　①擺踢時，要想踢到預想的高度，必須將腳提膝後蹬伸到這個位置然後再橫向發力擊打。切不可為了踢得更高，將腳向斜上方發力擊打目標。

②在追求更高踢擊位置的同時，要確保勾踢的動作品質。

③注意身體的平衡，動作的流暢，肢體的協調配合等。

(四)旋踢高位踢擊

1.動作說明

如（圖58～65）所示。以左實戰姿勢站立，重心控制

圖58

圖59

圖60

圖61

圖 62　　圖 63

圖 64　　圖 65

在兩腳之間，以頭帶動身體向右後轉約 90 度。繼而重心轉移至前腳，同時兩腳以前腳掌為軸均內旋約 180 度，雙手置於胸前，右腳屈膝提起。身體繼續旋轉，右腿借旋轉的力向右後上方蹬伸，當快要接近目標時，迅速將右膝完全伸展，借腰、腿旋轉之力向右橫擺擊打目標，身體後仰，目視踢擊位置。

　　擊打目標後，右腳自然收落原地，仍成左實戰姿勢。

2.技術要點

①時刻注意觀察、體會在進行更高踢擊位置時，該動作與標準規範的踢擊動作有否存在差異。

②在踢擊過程中，雙腿要緊盯的所要踢擊的位置。

③在力所能及範圍內，將身體的各部位協調動負起來，追求更高的踢擊位置。

(五)練習方法

1.先將踢擊的高度由腰部過渡到與腹部同高，再過渡到與胸部同高，再過渡到與頸部同高，再過渡到與頭部同高，一點一點將踢擊的高度踢得更高。

2.將所有的踢擊都能完成某一個高度後，再將踢擊的位置在這個高度的基礎上進行提高。

3.左、右實戰姿勢，前、後腳交替練習。

第五課　踢擊固定靶位

踢擊固定靶是一項十分重要的練習，是初學者必須學習的課程，它有助於練習者基本踢擊動作定型。對提高練習者的距離感，攻防反應，動作速度，判斷能力，爆發力，技戰術水準，維持身體重心平衡的能力等，都有相當顯著的訓練效果。

在泰拳、空手道、跆拳道等格鬥功夫中，都有運用擊靶練習來訓練拳手。

踢擊固定靶練習可分為：勾踢擊打固定靶位練習，側踢擊打固定靶位練習，擺踢擊打固定靶位練習，旋踢擊打固定靶位練習等，具體操作方法如下：

（一）準備工作

進行這個練習，你需要一位同伴，還要準備一個腳靶，由同伴持靶幫你練習各種踢擊。

（二）勾踢擊打固定靶位練習

1. 動作說明

練習者以左實戰姿勢站立，同伴持靶站在你以勾踢剛

圖66

好能擊中腳靶的位置上，同伴將靶面朝左。練習者站在原地，右腳以標準的勾踢擊打動作向腳靶發動踢擊（圖66～68）。擊打完成後，恢復成實戰姿勢準備下一次的踢擊。

2. 技術要點

① 練習時，陪練者所

圖67

圖68

出示的靶位，要保證練習者站在原地以勾踢剛好能擊中，並且要保證練習者在踢靶過程中所擊出的勾踢與正確、規範的勾踢動作別無二致，不會因為靶位的位置而引起練習者擊打時動作變形。

②練習者在擊打靶位過程中，體會以腰、髖之力帶動腿進行鞭擊目標的感覺，即體會勾踢的發力。

(三)側踢擊打固定靶的發力

1.動作說明

練習者以左實戰姿勢站立，同伴手持腳靶站在練習者剛好能以側踢擊中腳靶的位置上，同伴將靶面正對著練習者。練習者在原地以標準、規範的右側踢向腳靶迅速發力踢擊（圖69～71），擊打完成後，恢復到實戰姿

圖69

圖70

圖71

勢,準備下一次的踢擊。

2.技術要點

①陪練者在出示靶位時,要求靶位準確,位置穩定,動作清晰。

②練習者要出擊準確,用側踢的發力部位(腳後根)擊打靶面的中心部位。體會擊打時身體發力的感覺,以及全身協調動作,協調用力的感覺,維護好身體的平衡。

(四)擺踢擊打固定靶練習

圖72

1.動作說明

練習者以左實戰姿勢站立,同伴手持腳靶站在練習者剛好能以擺踢擊中腳靶的位置上,陪練者將靶面朝左。練習者站在原地,右腳以擺踢的動作要領擊打腳靶的中心位置(圖72～74),

圖73

圖74

踢擊完成後，恢復到實戰姿勢，準備下一次擊靶動作。

2. 技術要點

①在擊靶過程中，當練習者踢擊靶位時，陪練者不要將靶迎上去讓練習者踢擊，這樣會破壞練習者的出擊距離感和準確判斷攻防距離的能力。

②陪練者揚靶時，可將持靶一側的腋下夾緊，並用另一隻手緊緊扣住持靶之手的手腕處，使靶位儘量固定在原處，有利於靶位穩定。

(五)旋踢擊打固定靶位練習

1. 動作說明

練習者以左實戰姿勢站立，陪練者手持腳靶站在練習者剛好能以旋踢擊中腳靶中心的位置上，陪練者將靶面朝右。練習者站在原地以右腳作旋踢動作擊打腳靶（圖75～78），踢擊完成後，恢復到實戰姿勢，準備下一次擊靶。

圖75

圖76

圖 77

圖 78

2. 技術要點

① 擊靶時，踢擊動作準確、流暢、自然，並體會身體用力擊打腳靶時的感覺。

② 陪練者要時刻觀察，並提醒練習者踢擊時動作的不當之處。

(六) 練習方法

1. 不要將靶位揚得過高，一般與練習者的腹部高度平齊就可以了。

2. 反覆踢擊靶位 20～30 次為一組，多組重複。

3. 一次訓練課中，只集中進行一種腿法擊打固定靶的練習。

4. 左、右實戰姿勢，前、後腳交替練習。

第六課　衝刺跑

進行這個練習，不是讓你的跑步速度有所進步，而是為了使你的踢擊速度得以提高。要想成為擁有超級腿功的

大師，這項練習是你的必修課目之一。

　　進行這項練習將有效地提高你的出腳頻率，出腳幅度，快速踢擊對手腳的協調配合，身體的平衡感等。

(一)手臂擺動練習

　　速度不僅僅源於腿部的擺動，還取決於手臂與腿部的協調配合，因此，要想提高運動時的出腿速度，必須充分發揮手臂的作用。

1.動作說明

　　如（圖79～81）所示。雙腳前後分開自然站立，雙肩放鬆，雙手屈時呈90度，手和手指放鬆。手臂一前一後貼著身體前後擺動，向前擺時手的位置不要超過肩，向後擺動時，手的位置不要超過臀部。

圖79

圖80

圖81

2.技術要點

①雙肩一定要放鬆，這樣才不會制約平臂擺動的速度。

②身體保持自然，不要扭曲。

③雙手十指放鬆不要握拳，握拳會使你雙肩及手臂緊張。

(二)腿部動作練習

圖 82

衝刺跑分為三個階段——提膝、前擺膝、落地蹬伸，這與踢擊時的動作過程——提膝啟動、擊打目標、收腿回落，有著十分相似之處。

1.動作說明

如（圖 82～84）所示。練習時，兩條腿交替進行，

圖 83

圖 84

當左腿進行蹬地時，右腿屈膝提起與地面保持平行。隨即，右腿向前擺動並下落，而此時，左腿完成蹬地動作。右腿下落後進行蹬地時，左腿屈膝提起，如此循環反覆。

2.技術要點

① 蹬地時，應將腿完全伸展。

② 眼睛直視前方，避免頭部上仰、下低、側面歪斜等。

③ 擺動腿的膝蓋是向前伸，而不是一味地上抬。

(三)衝刺跑動作技巧

將「手臂擺動練習」與「腿部動作練習」有機地結合在一起，便是衝刺跑的動作全貌，透過這個「衝刺跑動作技巧」練習，你將會做到如何由手臂、身體的協調配合來提高出腿的頻率與幅度。

1.動作說明

如（圖85～89）所示。在跑步過程中，每蹬地發力推

圖85

圖86

圖 87

圖 88

圖 89

動身體前進，便同時擺臂一次，雙腿的蹬伸與雙臂的擺動協調循環進行。

2. 技術要點

①正確的短跑技術是保持身體平衡，有節奏地協調四肢運動。切記，短跑是打破平衡，然後重獲平衡的運動。（這也是踢擊的運動特點）

②跑動過程中，身體要稍前傾。

③在跑動過程中，不斷地加快速度。

(四)練習方法

1. 先熟悉衝刺跑的技術動作，動作熟練後進行正式的衝刺跑練習。

2. 衝刺跑的距離為 60～100 公尺，每跑 3 次為一組。

第七課 控腿的基本練習

李小龍先生對控腿這項練習，幾乎達到狂熱的程度，不但每天必修，且不分時間、地點，稍微有空閒便進行控腿練習。更不用說他平時，還會專門抽出時間來進行這項練習。

他認為，控腿練習能強化腿部肌肉力量、耐力，還能提高身體的平衡感，踢擊時的肌肉控制能力和踢擊準確性等。

(一)側控腿練習

1.動作說明

練習者由自然站立開始，將一隻腳朝身體的側面抬起、伸出，上身稍側傾，雙手置於胸前，目視被抬起來的腳底位置。身體保持該姿勢原地不動，直至力盡為止。

（圖90）為左側控腿的動作示意圖。

（圖91）為右側控腿的動作示意圖。

圖90　　圖91

2. 技術要點

① 支撐腳與被抬起的腿都要伸直。

② 上體與支撐腿，伸出腿在同一個平面上不可前凹後凸。

③ 儘量將腳抬至最高的位置，並儘量保持在這個位置上。

(二)前控腿

1. 動作說明

練習者從站立姿勢開始，將一隻腳朝身體的正前方抬起伸出。腳尖伸直或勾起，雙手置於胸前，目視前方。保持該姿勢靜止不動，直至力盡為止。

（圖 92）為右前側控腿的動作示意圖。

（圖 93）為左前側控腿的動作示意圖。

2. 技術要點

① 支撐腿可微屈，身體可稍後仰。

圖 92　　圖 93

② 支撐腿的腳後跟不要提離地面。

③ 保持身體平衡，不要左右搖晃。

(三) 後控腿

1.動作說明

練習者由自然站立姿勢開始，將一條腿朝身體正後方抬起伸出，腳尖朝下，頭朝抬起腳的方向扭轉，目視後方，雙手置於胸前，胸腹部朝前下方，雙肩與地面保持平行。保持該姿勢靜止不動，直至力盡力至。

（圖94）為右後側控腿的動作示意圖。

（圖95）為左後側控腿的動作示意圖。

2.技術要點

① 切記是身體的正面朝前下方。

② 腳尖朝下，並將腳尖勾起。

圖94

圖95

(四)練習方法

1. 練習時要將伸出的腳儘量伸直，伸得更遠，隨著訓練水準的提高逐漸提高控腿的高度與時間。

2. 一隻腳力竭後，換另一隻腳練習，力竭後，再換過來接著練，雙腳交替進行。

3. 每次訓練課中，可任選一至二種控腿方法進行練習。

第八課　腰腿肌力強化

經由前一段時間的練習，你的腰腿肌力一定有了相當程度的提高。在接下來的這段時間內，進行該練習時，要充分保證動作品質，體會肌肉用力部位，相信你的水準又會提高到一個新的層次。

具體練習方法可參閱「初學必修」的內容。

第九課　放鬆跑

在這一節中，你的訓練任務有所加重，訓練後可能會感到十分疲憊。那麼，慢跑練習則不可忽視。一定要認真進行，它會幫你把疲憊不堪的身體調整到休息狀態，練習方法同前一階段中的慢跑練習。

第十課　肌肉抻拉練習

你要在前一階段學習的基礎上，充分領悟該練習的奧妙，將這個練習的真諦發揮至極限，練習方法同前一階段中的相關內容。

課程安排

在這一階段提高了你訓練的強度與時間，每次的訓練時間為 80 分鐘，每週訓練 6 天，共需 20 天完成該階段的學習。在具體的課程安排上，共設計了兩個訓練模式，在每週的一、三、五按課程安排表 A 的內容練習，在每週的二、四、六按課程安排表 B 的內容練習，具體內容如下：

一、課程安排表 A

練習內容	生物修練	準備活動	提膝啟動的強化練習	踢擊固定靶位	衝刺跑	腰腿肌力強化	控腿的基本練習	放鬆跑	肌肉抻拉練習	生物修練
練習時間（分鐘）	15	6	6	14	4	12	5	5	3	10

二、課程安排表 B

練習內容	生物修練	準備活動	提膝啟動的強化練習	高位踢擊練習	衝刺跑	腰腿肌力強化	控腿的基本練習	放鬆跑	肌肉抻拉練習	生物修練
練習時間（分鐘）	15	6	6	14	4	12	5	5	3	10

學習總結與測試

一、雖然此時你並不具備強勁的踢擊爆發功力，但能否感覺你在踢擊發力時，動作十分順暢？

二、踢擊動作較以前更流暢、自然、規範、合理。

三、腰、腿的力量與耐力能否幫你進行控腿練習？

四、在進行下一次訓練時，身體已從疲憊中恢復，以飽滿的精神狀態進行訓練。

五、為了能將腿踢得更高，可以在課外進行各種關於身體柔韌性的練習，重點提高腰腿的柔韌性。

第三節　技能培養

　　當你滿載著收穫的喜悅，步入這一階段的訓練時，你已然發現，成功正在向你招手，不過你要靜下心來，不急不躁以平常的心態來進行接下來的訓練。

　　在這一學習階段，你既要對前面所學的技藝進行鞏固，同時還要進行新的腿功技能與專項功力練習。

學習目的

一、提高踢擊時身體的協調性與靈活性。
二、掌握踢擊發力時肢體的用力感覺。
三、強化腿功所必備的專項功力。

目標課程

第一課　生物修練

　　具體的練習方法與技巧同前一階段的學習內容。相信你經由前一階段的生物修練已充分感覺到身體發生的可喜變化，同時也累積了一定的學習方法。

　　請你一定要堅持練習、用心地練習，還會有更多可喜的變化將會發生在你身上。

第二課　準備活動

每一次訓練都重複著這套準備活動，有沒有使你感到厭倦，你完全可以嘗試其他的方法進行準備活動。在這方面，你可以參閱一些相關的資料，以及請一些有經驗者提供指導。

如果沒有這個條件，那你也不要喪氣，因為長時間進行這套練習，也是磨鍊你耐性的好方法。

第三課　提膝啓動的強化練習

為什麼還要繼續進行這個簡單的練習？答案是肯定的：因為它方法簡單卻效果非凡。在接下來的學習階段，有許多學習內容的開展，都需要這個練習作為基礎，不要掉以輕心。具體的練習方法同前。

第四課　踢擊固定靶位

在這一階段，你可以讓你的同伴把腳靶舉得高一點，比如舉到與你胸部或肩部同高的位置上。經過一段時間的練習後，你可以讓他把腳靶舉到與你頭部或更高的位置上讓你踢擊。

但是，切不可盲目進行，一定要在你取得相應的練習基礎上進行的。

第五課　踢擊靈活性練習

作為初學者，你雖然已經掌握了各種基本腿法，但卻無法將腿法做到自然敏捷、流暢自如。可想而知，那些雙

腳，如手般靈動異常的腿功高手一定讓你羨慕不已。不過，你不要焦慮，也不要灰心，沒有什麼事物是絕對不可能辦到的。只要透過訓練，那些看似遙不可及的夢想，馬上就會在你身上變為現實。

可供參考的訓練方法如下：

(一) 蹲起踢擊

當你從實戰姿勢發動各種腿法時，會感覺到比較容易。如果讓你拉開實戰姿勢中雙腿的距離，並將雙腿彎屈呈半蹲姿勢。然後，從這種姿勢狀態來發動各種踢擊，相信你一定會感到相當彆扭。

但話又說回來，當你在這種剛開始感到相當彆扭的狀態下卻可以轉易地發動各種踢擊時，再回轉到由實戰姿勢下發動各種踢擊，一定會感到輕鬆自如、隨心所欲。你馬上要進行的這個練習，就是由這種理念設計而來的。

1. 動作說明

練習者在實戰姿勢的基礎上，將雙腳拉開一倍遠的距離，並將雙腿向下彎屈，使身體變為半蹲姿勢。雙手置於胸前呈自然防守姿勢，目視前方，上體及頭部保持實戰姿勢要領不變。

接著，練習者中半蹲姿勢按截拳道腿法的標準動作要領，以前腳或後腳來作任意的踢擊動作一次。在進行踢擊動作的同時，練習者將身體起立。

當完成了踢擊動作後，練習者再恢復到半蹲姿勢，並由該姿勢來進行下一次同樣的踢擊動作，並同時從半蹲姿勢將身體起立。如此循環反覆，進行同一個踢擊動作練習。

（圖 1～6）為進行勾踢技術蹲起踢擊練習的動作示意圖。

（圖 7～12）為進行側踢技術蹲起踢擊練習的動作示意圖。

（圖 13～19）為進行擺踢技術蹲起踢擊練習的動作示意圖。

（圖 20～26）為進行旋踢技術蹲起踢擊練習的動作示意圖。

圖 1

圖 2

圖 3

圖 4

圖 5

圖 6

圖 7

圖 8

圖 9

圖 10

圖 11

圖 12

圖 13

圖 14

圖 15

圖 16

圖 17

圖 18

圖 19

圖 20

圖 21

圖 22

圖 23

圖 24

圖 25

圖 26

2.技術要點

①進行這個練習時，練習者雖然有將腳的距離拉開，身體重心有所下降，身體其餘部位保持基本的實戰姿勢要領不變。

②在踢擊動作啟動的同時，開始將身體由半蹲姿勢起立。

③踢擊腿在運動過程中，嚴格按照標準的踢擊動作進行。

④身體各部位要協調配合，保證動作的平衡、準確、流暢等。

(二)雙側踢擊

這個練習的意義同蹲起踢擊一樣，只是方法不同。其方法的設計原理是由改善練習者的身體機能，使其為獲得靈活的踢擊提供有利的條件。

1.動作說明

練習者平行站立，雙腳間距約為肩寬的 1.5 倍，雙手平舉於身體兩側，似大鵬展翅狀，上體挺直、目視前方、身體放鬆。動作開始時，練習者先將身體重心移到任意一隻腳上，使這隻腳成為支撐腿，而另一隻腳屈膝提起。

按截拳道的腿法要領，完成一次踢擊。在完成踢擊的過程中，身體的頭部、雙手、及軀幹、腰髖的扭動，支撐腿的旋轉等與正常踢擊時一樣，配合踢擊腿完成踢擊動作。踢擊完成後，迅速回復到動作的起始狀態。而支撐腿應在踢擊腿落地的同時進行與剛才一樣的踢擊動作一次。如此，身體的兩隻腳循環反覆地進行某一種腿法的練習。

（圖 27～32）為進行勾踢技術雙側踢擊練習的動作示意圖。

（圖 33～38）為進行側踢技術雙側踢擊練習的動作示意圖。

（圖 39～46）為進行擺踢技術雙側踢擊練習的動作示意圖。

（圖 47～56）為進行旋踢技術雙側踢擊練習的動作示意圖。

圖 27

圖 28

圖 29

圖 30

圖 31

圖 32

圖 33

圖 34

圖 35

圖 36

圖 37

圖 38

圖 39

圖 40

圖 41

圖 42

圖 43

圖 44

圖 45

圖 46

圖 47

圖 48

圖 49

圖 50

圖 51

圖 52

圖 53

圖 54

圖 55

圖 56

2.技術要點

① 兩次踢擊間不要有停頓，但動作要完整、標準。

② 練習者由一側腿踢擊迅速轉移到另一腿進行踢擊，需要有良好的身體靈活性，這就是訓練的目的所在。因而你在進行訓練時，不要把它當作是連環踢擊練習。

③ 練習時，要充分調動身體的運動能力，輕鬆自如地完成兩次連續的踢擊，以挖掘出身體的靈活性。

(三)練習方法

1.訓練時，注重踢擊動作的品質。

2.在一次訓練課中，以某一種腿法進行上述兩種練習。待到下一次訓練課進行其他腿法的練習。

第六課　抗阻力踢擊

截拳道素以威猛強勁、迅速如旋風般的腿上功夫著於世。練習者應該真正體會到發力及速度對踢擊的重要性，並努力訓練使之提高。

只要練習者有恒心堅持進行下面的三個練習，相信時間自會給你最公道的成績。

(一)準備活動

進行這套練習，你需要一個同伴來協助你訓練。另外，還要準備一個紗綁腿，以及一條彈力索（皮筋）。

(二)借力踢擊

這個練習是利用一定的技術或動作的抵抗力來幫助你

完善踢擊時肌體用力的感覺、使你在踢擊時身體的用力更加協調、富有規律，提高你踢技的發力技巧及動作速度。

1. 動作說明

肩膀靠牆或扶牆站立。將一條腿抬起，準備做踢擊動作。在踢擊時要有一個力量和速度的爆發。你在踢擊的同時，你的同伴握住你踢擊腿的腳掌，給你施加一定的力量來阻礙你踢擊。踢擊後將腿收回到抬起狀態，準備下一個踢擊動作。在你把腿收回的時候，同伴不施加任何阻力。

（圖 57～59）為進行勾踢技術借力踢擊練習的動作示意圖。

（圖 60～62）為進行側踢技術借力踢擊練習的動作示意圖。

（圖 63～66）為進行擺踢技術借力踢擊練習的動作示意圖。

圖 57

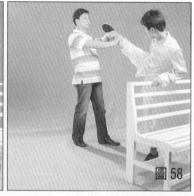

圖 58

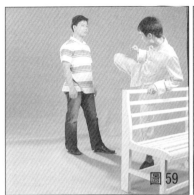

圖 59

圖 60

圖 61

圖 62

圖 63

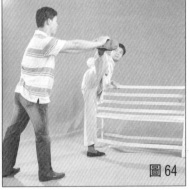

圖 64

圖 65

圖 66

2. 技術要點

① 同伴要注意調節他的抵抗力，力量太大就會完全阻礙你的出腿，而力量太小，又無法激發你肌肉中的快動纖維。

② 同伴還要根據踢擊動作的發力特點不同來調節抵抗力的大小。

③ 一定要嚴格保持踢擊動作的規格，勿使動作變形。

(三) 負重踢擊

在腳上負上一定重量的鐵瓦或沙綁腿進行踢擊是專門用來練習雙腿運動速度的有效訓練手段。實踐者負重進行訓練後，解下重量，立即會感到雙腳有輕巧之感，雙腿肌肉在剩餘興奮的作用下，踢擊速度明顯提高。

1. 動作說明

練習者在自己的小腿部位綁上小重量的鐵瓦或沙綁腿後，以實戰姿勢站立，然後按標準的截拳道腿法動作要領進行：抬腿、出腿、收腿、還原；四個步驟的完整踢擊動

作。整個動作過程中，在進行每一個步驟時，要控制住額外的重量所帶來的慣性力，並充分利用雙手的揮動，身體的轉動等來維持快速踢擊時身體的平衡。

（圖67～70）為進行勾踢技術負重踢擊練習的動作示意圖。

（圖71～74）為進行側踢技術負重踢擊練習的動作示意圖。

圖67

圖68

圖69

圖70

圖71

圖72

圖73

圖74

圖75

　　（圖 75～79）為進行擺踢技術負重踢擊練習的動作示意圖。

　　（圖 80～85）為進行旋踢技術負重踢擊練習的動作示意圖。

圖 76

圖 77

圖 78

圖 79

圖 80

圖 81

圖 82

圖 83

圖 84

圖 85

2.技術要點

①剛開始練習時，鐵瓦或沙綁腿的重量不要太大，伴隨著訓練水準的提高以及自身的實際能力來調整鐵瓦或沙綁腿的重量。

②練習的目的在於提高你的踢擊速度，因此，不要過多地追求踢擊時的高度，在力所能及的情形下，方可以將踢擊的高度上移。

(四)抗拉力踢擊

這個練習是借助彈力索（皮筋）帶來的阻力來提高腿法的踢擊速度及肌體用力感覺的一種方法。

1.動作說明

準備一條富有彈性的彈力索（皮筋），將其一端繫於固定處，或由同伴牽引，另一端繫於練習者的腳上。然後練習者以實戰姿勢站立，以繫上彈力索（皮筋）的這隻腳奮力向身體前方踢擊。

當踢擊完成後，利用彈力索（皮筋）的收縮性作用力，可將踢擊的腿快速拉回還原成實戰姿勢，對於訓練攻擊腿法的收回速度，有著其他訓練方法所不能比的良好效果。

（圖86～89）為進行勾踢技術抗拉力踢擊練習的動作示意圖。

（圖90～95）為進行側踢技術抗拉力踢擊練習的動作示意圖。

（圖96～101）為進行擺踢技術抗拉力踢擊練習的動作示意圖。

圖86

圖87

圖 88

圖 89

圖 90

圖 91

圖 92

圖 93

圖 94

圖 95

圖 96

圖 97

圖 98

圖 99

圖100

圖101

在進行側踢等蹬擊性腿法時,將彈力索(皮筋)繫在腳掌上,在進行其他腿法練習時,將彈力索(皮筋)繫在踝關節處。

2.技術要點

①初練時,可站得離固定彈力索(皮筋)的一端近些,使得彈力索(皮筋)在踢擊動作完全踢擊到目標時方能拉直,待功力增長後,可逐漸遠離固定彈力索(皮筋)的一端,使彈力索(皮筋)在未踢時便已基本拉直。

②彈力索(皮筋)的彈性一定要好,具有很大的延展性。

③注意協調用力,來對抗彈力索(皮筋)帶來的阻力。

(五)練習方法

1.每次練習時,只選擇其中一種方法來進行練習,從而保證練習品質。

2.以一條腿反覆抗阻力踢擊 20～30 次為一組，再換另一腿進行練習。

第七課　靜力阻抗

所謂靜力阻抗，就是指身體保持在某一固定姿勢靜止不動，在此固定狀態下，許多肌肉在一定時間內，為了試圖克服相當大的阻力，表現出高度緊張，而在用力過程中，肌肉纖維沒有縮短，在這種情況下用來發展肌肉力量的方法，即稱為靜力阻抗訓練法。這種訓練方法，是目前被認為最有助於發展肌肉最大力量的方法。李小龍先生便是一位靜力阻抗訓練法的忠實信徒。

（一）準備工作

進行這個練習時，練習者要站在一棵大樹下或一堵牆等之類能抵抗強大力量的固定物面前。

（二）屈蹬性靜力阻抗

這個練習是用於發展側踢、正踢等直線性腿法在踢擊時所需用力部位的最大力量。

圖102

1.動作說明

如（圖102）所示。練習者站在一棵大樹前一步遠的距離，將一條腿屈膝

90 度抬起呈類似於側踢屈膝抬腿狀，抬腿的高度略與腰高，以腳後跟抵在大樹的樹幹上，雙手置於胸前，支撐腿伸直，身體側對樹幹。練習者保持該姿勢，全身協調配合用盡全身氣力，意欲將大樹蹬倒。

在身體用盡全力的情況下，每伴隨著呼吸氣一次，便咬緊牙關將身體的用力程度增加一次。視練習者的體力伴隨呼吸氣不斷地用力 36～49 次。

2. 技術要點

① 在整個過程中，身體用盡全力不鬆懈，並在此狀態下，不斷增加身體用力的極限。

② 由於反作用力的原因，身體在蹬樹幹時，必將使身體後傾，改變了身體的用力姿勢，故練習者必須全身上下一同協調用力，保持用力姿勢不改變。

③ 如（圖 103）所示。練習者也可在閒暇之時，嘗試膝關節在彎曲 90～170 度角之間的任意角度進行屈蹬性靜力阻抗練習。

（三）屈伸性靜力阻抗

這個練習是用於發展勾踢、前踢等屈伸性腿法在踢出時所需用力部位的最大肌肉力量。

1. 動作說明

如（圖 104）所示。練習者站立於大樹前一步之遙，然後將一條腿屈膝 90 度抬起呈類似於勾踢抬腿踢擊狀，抬

圖 103　　　　　　　　　　　　　　　圖 104

腿的高度略與腰高，腳面伸直，以腳背抵在大樹的樹幹上，雙手呈自然防守狀，支撐腿伸直、腳掌外旋，身體側對樹幹，雙目注視腳背。保持該姿勢，全身協調配合，用盡全身力氣，意欲以腳背橫向用力將大樹推倒。

　　在身體用盡全力的情形下，每伴隨著呼吸氣一次，便咬緊牙關將身體的用力極限推進一次。視練習者的體力，伴隨呼吸氣不斷加強用力 36～49 次。

2. 技術要點

　　① 在一開始時，就使出全身的最大氣力，並伴隨呼吸不斷增加用力的程度，以此挖掘出身體的最大用力潛能。

　　② 呼吸要自然，且富有規律性，吸氣要長，呼氣要短而劇烈。

　　③ 在整個用力過程中，不要認為抬起來抵住樹幹的腳為主要用力部位，身體的其餘肢體為配合用力部位，而是全身上下一起協調用力。

圖 105

(四)屈扣性靜力阻抗

這個練習是用力發展擺踢、旋踢、劈踢等屈扣性腿法在踢擊時所需用力部位的最大肌肉力量。

1. 動作說明

如（圖 105）所示。練習者站在大樹前一條腿長的位置上，然後將任意一側的腿伸直抬起，呈類似於擺踢擊發力狀，抬腿的高度略與腰高，腳面伸直，以後腳跟抵在樹幹上，雙手置於胸前，支撐腿伸直，腳掌外旋，身體側對樹幹。

練習者保持該姿勢，全身協調配合用盡全身氣力，意欲以腳後跟向體側後方將樹推倒。

練習者在身體用盡全力的基礎上，伴隨著每呼吸氣一次，便咬緊牙關，將身體的用力極限推進一次，視練習者的體力伴隨呼吸氣不斷加強用力 36～49 次。

2. 技術要點

①利用呼吸伴隨身體發力，其真諦為在踢擊時，身體伴隨著呼吸將力量發揮到最大化。

②雙目緊盯目標位置，意想力量產生了強大的威力，真的會將樹推倒，以此激發自己的鬥志。

③集中精神，做到意、氣、力三者合一。

(五)練習方法

1.練習者可根據文中的方法，設計出可激發直拳、勾拳、平掃肘、上頂膝等攻擊對方時用力部位最大力量的練習方法。

2.一條腿做完一次練習後，換另一條腿進行。雙腿交替進行，視練習者的基礎來決定呼吸氣發力的次數，也可在每次練習完後，稍為休息一下接做另一條腿的練習。

第八課 硬度練習

在以同樣的力量擊打對方的情況下，用木棍擊打和用鐵棍擊打的效果是完全不同的。在格鬥中，光有迅猛的爆發力還遠遠不夠，還要鍛鍊你攻擊力點上的硬度，因為當你一腳把對手踢飛出去時，卻不一定就能致敵於死地。

同樣的道理，泰拳中的腿法雖不能把對手踢飛出去，但他們超人的關節硬度卻足以令對手應聲骨折並倒地不起。由此可見，練就良好的關節硬度是成就超級腿功中的必修課目。

(一)準備工作

進行硬度練習需要啤酒瓶、小木棒等物品。同時還要準備一些外用塗抹藥，如：紅花油、正骨水等可消腫、活血、化瘀的藥物。供訓練後塗沫在練習部位，使在練習部位訓練後得到較好的休息與恢復。

（二）砸擊腳面

主要是用來鍛鍊腳背的硬度，使練習者在發動勾踢擊打對方時將其一擊斃命。

1.動作說明

如（圖 106～109）所示。練習者坐在矮凳子上，手持一短棒砸擊腳背。砸擊時，從腳趾開始逐漸向上砸擊到近踝關節處，再從上向下砸。砸擊腳背過程中，除了砸擊腳

圖 106

圖 107

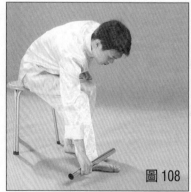
圖 108

圖 109

背的正上面，還要砸擊腳背的左右兩側。

2. 技術要點

① 砸擊時注意由輕到重緩慢進行。

② 初練者可在腳上敷上一層毛巾，待功力增長後去掉。

③ 練習者切不可蹲在地上進行該練習，因為我們是在訓練課進行了一段時間後進行硬度練習，蹲在地上，容易影響雙腿的血液循環。

(三)滾壓腳面

同前一個練習一樣，主要用來鍛鍊腳背的硬度。

1. 動作說明

如（圖 110～114）所示。雙手持一短棒的兩端，將瓶子放在腳背上，練習者可站立住將腿放在

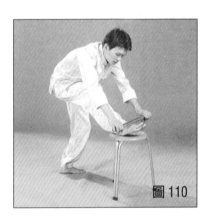

圖 110

圖 111

圖 112

圖 113

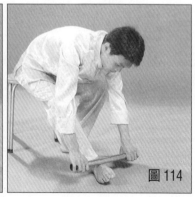

圖 114

一略低於腰的物體上進行，也可坐在矮凳上進行，將瓶子由腳趾處流壓到近踝並節處，注意，將腳背的正面與兩側反覆滾壓。

2. 技術要點

① 用力要由輕到重，隨功力的增長而緩慢遞增。

② 滾壓的動作要慢或保持中速。

③ 隨功力的增長將酒瓶換成木棒，適當的時候再換成鐵棍。

（四）腳跟震擊

此練習可速效增強足底硬度，以及側踢的擊打威力。

1. 動作說明

練習者自然站立，一條腿向上提膝，使腳離地 30 公分左右，同時自然吸氣。繼而，身體微下沉，並同時將提起之腳快落向下蹬擊，以前腳掌或腳後跟用力踩地，力達腳掌或腳後跟，同時快速噴氣。

（圖 115、116）為左側腳跟震擊練習的動作示意圖。

圖115

圖116

圖117

圖118

（圖 117、118）為右側腳跟震擊練習的動作示意圖。

2.技術要點

①腳向下擊打地面時，一定要配合猛烈的呼氣。

②注意用力的幅度，不要一開始就猛烈下震，這樣容易傷害到腳底的骨頭。

③進行該練習時，應赤足，切勿穿鞋進行，否則，就是踩壞無數雙鞋底也練不出腳底的硬度。

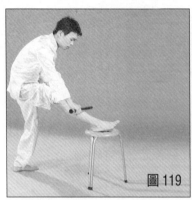

圖 119　　　　　圖 120

(五)練習方法

1. 如（圖 119、120）所示。練習者可根據上述方法進行小腿脛骨、手臂等部位的硬度。

2. 每次練習時最好集中於一隻腳進行，到下一次訓練時，再換另一隻腳進行，這樣也為訓練後的休息與恢復提供了時間。

第九課　跳繩練習

說起跳繩，你也許會認為這是一種小孩的玩意。其實不然，職業拳手和高水準運動員都認為跳繩是一項非常好的練習方法。

跳繩是全身協調性很強的運動，促進身體的靈巧性、敏捷性、平衡能力、爆發力等，使神經系統得到很好的鍛鍊，還促進了心肺功能上、下肢力量等等。

(一)準備工作

當然了，進行這個練習準備一根跳繩是必然的了。然

而，什麼樣的繩子比較適合的練習呢？首先這根繩不論是用什麼材料製成，它都得有一定的重量，不能太輕了，否則在空中轉動時速度達不到。

另外，就是繩子應該靠近握手的兩端要重，中間要輕，使其是依靠兩端的揮動而帶動其舞起來。

(二) 蹬三輪跳

1. 動作說明

顧名思義，這個練習有點像人在蹬三輪時，雙腳的動作。跳繩時，練習者一條腿稍用力跳躍離地一次，同時雙手搖繩一次，讓繩子繞身體轉動一周，然後再換另一條腿跳躍一次，同時雙手搖繩繞身體轉動一周，兩腳交替跳躍離地快速進行。此是一種較簡單、實用、高效的訓練方法。

（圖 121～125）為蹬三輪跳繩練習的正面動作示意圖。

（圖 126～128）為蹬三輪跳繩練習的側面動作示意圖。

圖 121

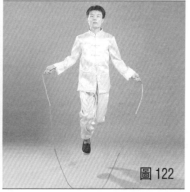

圖 122

圖 123

圖 124

圖 125

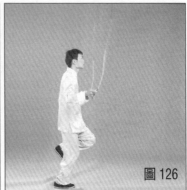

圖 126

圖 127

圖 128

2.技術要點

① 跳繩時，腳蹬離地面不要太高，以繩子能繞腳尖穿過即可。

② 剛開始練習時，速度不要太快，待熟練後再加快速度。

③ 腳的跳躍與雙手的搖繩要動作協調，不然繩子會碰到腳尖上。

圖129

(三)高抬腿跳

1.動作說明

如（圖 129～132）所示。該跳繩方法是在蹬三輪跳的基礎上，在腿跳躍離地時，提膝至腰部，雙

圖130

圖131

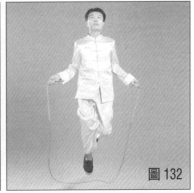

圖132

腳快速進行交替練習，此是一種高速密集的跳法，能使心率迅速提高到最高頻率。

2.技術要點

①一定要在蹬三輪跳有一定基礎後進行該練習。

②注意控制跳繩時的呼吸，儘量做到呼吸均勻細長。

③雙目平視前方、雙臂抬平、切勿下垂，這樣可練習雙臂的力量與耐力。

(四)核心揭密

如果你跳繩 1 分鐘能達到 240 次，3 分鐘 660 次，5 分鐘 1000 次，再以 5 分鐘跳一組，連跳 10 組，每組休息 1 分鐘，平均每組 850 次左右，說明你的速度、耐力、協調能力等體能水準已達到世界頂尖高手水準，這說明你的大腦對四肢的末梢神經和肌肉群的控制能力已達到自動化程度。

(五)練習方法

1.練習前活動一下身體各部位關節，做幾次深呼吸，儘量選擇柔軟的地面，或穿厚底軟鞋。

2.一定要以蹬三輪跳為最基本跳法，高抬腿跳只能在練習中稍為穿插進行。

第十課　衝刺跑

在這一階段，你要不斷提高跑動過程中出腿的頻率，力求每秒鐘出腿 7～9 次。到那時，你的踢擊速度就相當可觀了。請你用心地按上一階段中介紹的方法進行練習。

第十一課　控腿的基本練習

到了這一階段，你應該基本能將腿停留在空中一段時間了。不過，你還要儘量延長腿停留在空中的時間，腿停在空中的高度也要儘量上升。

在身體感力竭、支撐不住時，咬緊牙關，力求堅持 1 秒，再堅持 1 秒，再堅持 1 秒……絕不輕易將控起的腳放下來，甚至還要將腳抬得更高一點。如此練習，你的功力將會進展神速。

具體的練習方法同前一階段的課程內容。

第十二課　放鬆跑

你應該能明顯地體會到。現在，你的運動量明顯增加了，同樣，放鬆跑也顯得更加重要了，請你按第一階段介紹的方法進行。

第十三課　肌肉抻拉練習

具體的練習方法同「初學必修」中的內容。

課程安排

這一階段的學習時間為每週 6 天，共需 20 天完成，每天進行 85 分鐘的練習。具體的訓練安排由兩個課程安排模式組成。每週一、三、五按課程安排表 A 的內容進行練習，每週的二、四、六按課程安排表 B 的內容進行練習。具體的課程安排如下：

一、課程安排表 A

練習內容	生物修練	準備活動	提膝啓動的強化練習	踢擊固定靶位	踢擊靈活性練習	衝刺跑	靜力阻抗	硬度練習	控腿的基本練習	放鬆跑	肌肉抻拉	生物修練
練習時間（分鐘）	15	7	3	10	5	4	5	8	10	5	3	10

二、課程安排表 B

練習內容	生物修練	準備活動	提膝啓動的強化練習	踢擊固定靶位	踢擊靈活性練習	跳繩練習	抗阻力踢擊	硬度練習	控腿的基本練習	放鬆跑	肌肉抻拉	生物修練
練習時間（分鐘）	15	7	3	10	5	4	5	8	10	5	3	10

學習總結與測試

一、在訓練中，進行各種形式的踢擊練習時，你是否能保持住標準的踢擊動作不變，並力求更加完美？

二、在學習過程中，養成肯吃苦耐勞的精神以及端正的學習態度。

三、形成良好的踢擊距離感。

四、踢擊動作是否較以前更流暢、規範？

第四節　進階之路

經由前面的學習，此時的你已小有成就，但進步是永無止境的，你需繼續學習。你在研習李小龍超級腿功的過程中，一定要擁有創新的進取態度，積極學習更為科學，正確的訓練方法，加大訓練強度，以儘快提高自身腿法功夫的搏擊水準。

學習目的

一、初步形成腿法的攻擊意識。

二、為鑄就排山倒海般的連環踢擊奠下根基。

三、進一步強化踢擊的靈活性、關節硬度、攻擊速度和爆發力等。

學習課程

第一課　生物修練

在你學習生物修練的這段時間內，是否感覺到的腿功的功力、技術、靈活性、速度、準確性等都得到一定的提高。雖然在前面的學習課程中有專門針對這些技藝的練習方法，但是，如果沒有採用生物修練進行配合的話，你便不會有如此大幅度的進步。請你按「初學必修」中已介紹的方法繼續學習。

第二課　準備活動

隨著學習內容的不斷深入，你應該越來越感覺到在與其他訓練內容相比時，準備活動實在是太簡單了。但是準備活動的意義並沒有貶值，它仍然是你訓練課中的必修內容。具體的訓練方法前面已介紹過了。

第三課　踢擊靈活性練習

欲獲取靈動、敏捷的踢擊功力決非一朝一夕就能辦到，它需要一段時間的積累。在上一階段的學習中，還不足以讓你的踢擊靈活性獲得實質性的進步。因此，在本階段的學習中，你仍然要進行該練習。

具體的訓練方法前一階段中的課程內容。

第四課　多角度踢擊

你也許曾聽說過這個練習，但卻一直未見其廬山真面目。其實這個練習並不神秘，在空手道、跆拳道中都有這種訓練。在截拳道中採用這種訓練方法是為培養練習向不同位置踢擊，且從不同的角度起腿踢擊的能力，是培養踢擊敏捷，勁力流暢等的好方法。

此項訓練對一些在表演時技法嫻熟，但一經實戰便手足無措的練習者極為有益。

(一)單腳多角度踢擊

該練習是讓練習者體會以一隻腳向不同方位踢擊時，身體的平衡、肢體的彈性、腳踢的方向變化等。對提高練習

者的平衡能力、踢法的精純、腿部肌肉控制能力大有幫助。

1.動作說明

　　練習者以實戰姿勢站立，目視身體前方、神態自然。接著，練習者將身體重心移到任意一條腿上，以該腿為支撐腿後，把另一腳屈膝提起做任意的踢擊動作一次後，又還原到實戰姿勢。接著再把剛才進行踢擊的隻腳屈膝提起做任意的踢擊動作一次。

　　如此以某一隻腳連續地從實戰姿勢下發動各種任意的踢擊數次。練習者在練習中以一隻腳進行那些踢起動作可自行設計，儘量使踢擊動作豐富，並向不同的方向發動踢擊。下面略舉幾例供大家參考：

　　例1，如（圖1～5）所示。低位側踢一次後，接高位側踢一次，再接中位勾踢

圖1

圖2

圖3

一次，再接高位勾踢一次。

例 2，如（圖 6～11）所示。中位側踢一次，接中位擺踢一次，再接高位側踢一次，再接中位旋踢一次，再接中位側踢一次。

例 3，如（圖 12～19）所示。中位側踢兩次，接高位擺踢一次，接低位側踢一次，再接中位側踢一次，再接高位旋踢一次。

圖 8

圖 9

圖 10

圖 11

圖 12

圖 13

圖 14

圖 15

圖 16

圖 17

圖 18

圖 19

視個人水準，一組踢擊練習可由 3～4 個不同的踢擊動作組成，也可由 6～8 個或更多的踢擊動作組成。

2. 技術要點

① 儘量向不同的高度發動不同的踢擊，踢擊動作標準，到位。

② 踢擊動作可朝四面八方進行，不必拘於朝一個方向踢擊。

③ 一定要在實戰姿勢下發動踢擊。

④ 由踢擊過渡到實戰姿勢再過渡到踢擊，這個循環的過程中，動作過渡要連貫、不要有停頓。

⑤ 始終把一隻腳設為支撐腿，只用另一腳進行踢擊。

(二)雙腳多角度踢擊

這個練習既是讓你實戰中，面對敵手如何充分調動雙腳來向對方攻擊。也是讓你在對付一群歹徒中，雙腳如何向四面八方連環開攻。而更重要的是鍛鍊你身體的重心轉換能力，踢擊的變換能力等。

1. 動作說明

練習者以實戰姿勢站立，神情自然、精神集中。先以任意一隻腳發動踢擊一次，回復到實戰姿勢後，再以另一隻腳發動任意踢擊一次，再回復到實戰姿勢後，再用另一側的腿發動踢擊，如此循環反覆地在實戰姿勢下用雙腳向任意方向發動任意踢擊動作。具體踢擊動作可自行設計，下面略舉幾例供大家參考：

例 1，如（圖 20～25）所示。前腳中位勾踢，接後腳

圖 20

圖 21

圖 22

圖 23

圖 24

圖 25

中位側踢，接前腳高位側旋踢，接後腳中位勾踢、接前腳高位擺踢。

例2，如（圖26～30）所示。後腳中位勾踢、接前腳中位側踢，接後腳高位擺踢。接前腳高位側踢。

例3，如（圖31～35）所示。後腳高位擺踢、接後腳騰空前踢，接前腳中位側踢，接後腳中位擺踢、前腳中位旋踢。

圖26

圖27

圖28

圖29

圖 30

圖 31

圖 32

圖 33

圖 34

圖 35

2. 技術要點

① 儘量向四面八方，不同高度、發動不同的踢擊動作。

② 每一次踢擊完成後均要回復到實戰姿勢。

③ 避免踢擊練習的單調、盡可能多地設計各種練習形式。

(三) 練習方法

1. 練習者根據上述方法盡可能設計新穎、多樣性的踢擊組合。

2. 在一堂訓練課中兩種踢擊練習交替進行。

第五課　配步踢擊

在格鬥實戰中，發動任意踢擊時，不可能沒有步法配合攻擊，因為對手不會站在原地任你攻擊，肯定會與你周旋。在這種情況下，步法與腿法的靈活配合，是保證你充分發揮腿功威力的關鍵。

另外，兩者靈活的配合還可增加踢擊的力量和速度。

(一) 作標記配步踢擊

只有將身體移動到恰當的位置上，發動的踢擊才會奏效，這要求練習者在用步法配合踢擊時，步法的移動必須要精準。在這個練習中，讓練習者在地上作若干標記，在練習時，要練習者準確地移動到標記上，並立即發動踢擊。

1. 動作說明

進行該練習時，先在地上作上①、②、③、④、⑤……

圖 36

圖 37

若干個標記，這些標記可按正方形排列（圖 36），也可按直線排列（圖 37），也可按曲線排列（圖 38），也可圓形排列（圖 39）等，方式自行設計，當練習者從標記①移動到標記②後立即起腳作任意的踢擊動作一次，緊接著再從標記②移動到標記③再移動到標記④……每準確地移動到標記上一次便立即起腳踢擊一次（圖 40～51）。練習者也可以從標記①移動到標記③（圖 52～54）或④（圖 55～57），不必按一定的模式進行，只要能準確地從某一標記準確地

圖 38

圖 39

圖 40

圖 41

圖 42

圖 43

圖 44

圖 45

圖 46

圖 47

圖 48

圖 49

圖 50

圖 51

圖 52

圖 53

圖 54

圖 55

圖 56

圖 57

移動到其他任意的標記上即可。

2. 技術要點

① 每相鄰的標記間距離不要太大，以滑步一次或二次能到達為佳。

② 步法移動時，每次滑動的距離在 20～30 公分。

③ 步法與踢擊動作的銜接要緊湊、流暢。

(二)自由配步空踢

步法與踢擊的配合，應根據實戰的具體情形而有機地配合。這需要練習者有熟爛於胸的技能基礎，方可在實戰中做到自由發揮。同時，練習者還得在稍縱即逝的攻擊瞬間，將這些技術發揮出來方能起到制敵效果。

這就要求練習者的步法與踢擊配合的技藝要精純、老練，經得起實戰的考驗。要達到如此境界，練習者就得進行自由形式的步法與踢擊配合的訓練。

1. 動作說明

練習者以實戰姿勢站立、精神集中。先將身體作任意方向的步法移動一次，緊接著起腳作踢擊一次，然後再進行步法移動一次，緊接著再進行踢擊一次，不斷地進行步法移動，及移動後立即起腳踢擊，進行什麼樣的步法移動及什麼樣踢擊動作，要儘量接近實戰的需要，下面略舉幾例供讀者參考。

例 1，如（圖 58～61）所示。前滑步接前腿低位側踢一次，再右側移步接後腳高位勾踢一次，再後滑步接後腳

旋踢一次。

　　例 2，如（圖 62～65）所示。後滑步接前腳低位勾踢一次，再後滑步接前腳中位側踢一次，再前滑步接前腳高位旋踢一次。

　　練習者可連續進行多次步法移動後進行踢擊，也可在一次步法移動後進行多次踢擊。

圖 62

圖 63

圖 64

圖 65

2. 技術要點

①重點注意動作的協調靈活、敏捷等特質。

②總結練習經驗,如何進行步法與踢擊的配合能獲得更流暢的動作、更快的速度,更有力的踢擊慣性力等。

(三)練習方法

1. 每一次練習課中,兩種練習方式交替進行,但要分清各練習的側重點。

2.剛開始以 1～2 分鐘為一組，隨著體能，技能等的提高後以 2～3 分鐘為一組，多組重複。

第六課　踢擊反應靶位練習

這種靶位練習主要是在於培養練習者在腿法攻擊技術應用中的反應速度及快速判斷能力。同時該練習也是對前面踢擊固定靶位所取得的訓練成果進行鞏固，又為後面進行移動靶位和實戰靶位的練習打下根基。

(一)準備工作

既然是踢擊靶位的練習，肯定需要一個同伴來舉腳靶配合你練習。

(二)動作說明

練習者與同伴面對面站立，同伴手持腳靶於體側。練習開始時，同伴突然將腳靶揚起出示靶位，練習者則根據對方出示的靶位，快速反應，並作出準確的分析與判斷。

從對方靶位的高度，與我方的距離，靶面朝向等各方面因素判斷出應以何種踢擊動作擊打腳靶的中心部位，如果此靶位根據判斷後，認為應以前腳側踢擊靶（圖 66～68），則就果斷地以前腳側踢擊靶，如果認為此靶適合用後腳勾踢，則就毫不猶豫地踢出後腳勾踢（圖 69～71）。

圖 66

圖 67

圖 68

圖 69

圖 70

圖 71

(三)技術要點

1.同伴應做到出示靶位準確，靶位出示後固定不動，在對方擊中靶位後就立即將靶位撤回。

2.同伴勿隨意出示靶位，要事先在大腦中盤算好出示何種腿法擊打的靶位。

3.練習者擊打靶位要快速、果斷、不能猶豫。

4.同伴根據練習者的水準來決定靶位在空中停留的時間，如果練習者在該時間內未能起腳擊靶，同伴要毫不留情地將靶位撤回。

(四)練習方法

1.練習時，要身心放鬆，集中精神。

2.以進行 10～15 次踢擊反應靶位練習為一組，多組重複。

3.注意組間休息，以保證練習時的速度，敏捷性、準確性等能正常發揮。

第七課　腿法攻擊威力強化

用於提高腿法攻擊威力的訓練方法有許多，最常用的莫過於擊打沙袋，但是沙袋在被踢擊後易來回晃動，讓練習者無法集中精力進行訓練。

李小龍先生在這方面有非常獨到的見解，他認為用於提高腿法攻擊威力的最佳途徑，莫過於採用中國一種古老的方法，就是擊打樹幹（木人樁）。樹幹穩固，能經得起強猛的力量擊打。不會有任何晃動而干擾練習者的注意

力。另外一點就是樹幹具有良好的韌性，長期用樹幹練習踢擊威力的話，能使你的踢擊具有強大的攻擊滲透力。

(一)準備工作

進行該練習時，練習者需打到一棵較粗壯的樹，並在樹幹上纏一些布片或釘上自行車內胎皮，以微有彈性為好。

(二)基本腿法踢打樹幹

進行腿法的攻擊威力強化練習，要根據腿法各自的運動特點，發力方式等有針對性地分開進行，沒有哪一種腿法要可替代其他的任意腿法來練習。因為它們的攻擊力點，發力部位等都會存在一定的差異。

1.動作說明

視個人身高腿長在樹前站立，以腿踢在樹幹上略彎曲的位置為宜，這樣避免在練習時，將踢擊動作全部伸展。練習時，站在樹幹前先呼吸 9 次，以求放鬆身體，集中精神，然後按實戰姿勢站立，在踢擊前先吸氣、意想內力進入丹田、蓄積若溢，接著在猛烈呼氣的同時，按截拳道腿法的要領踢擊木樁，並口喊「嗨」的一聲，意想丹田之氣沿大腿內側衝擊攻擊著力點，並進入樹幹內部炸開，威力強大無比。完成踢擊後恢復成實戰姿勢。

（圖 72～74）為進行勾踢技術踢打樹幹練習的動作示意圖。

（圖 75～77）為進行側踢技術踢打樹幹練習的動作示意圖。

圖72

圖73

圖74

圖75

圖76

圖77

（圖 78～80）為進行擺踢技術踢打樹幹練習的動作示意圖。

（圖 81～83）為進行旋踢技術踢打樹幹練習的動作示意圖。

2. 技術要點

① 切勿將踢擊動作因站立位置的影響而全部伸展，這樣會使你的攻擊力無法充分發揮出來，也無法產生滲透之

圖 78

圖 79

圖 80

圖 81

圖82

圖83

力。

②踢擊前全身放鬆，在最後擊打樹幹的瞬間，全身突然發力。

③不可面對樹幹猛踢一氣，這樣既易造成運動損傷，又無法產生良好的踢擊威力發放技巧。

(三)提膝後踢打樹幹

通常，我們需要在空中發動一連串的踢擊，方能達到擊垮敵手的效果。這就需要我們在踢擊時，既使沒有利用踢擊在提膝啟動時身體的慣性作用力，仍能使每一踢擊都重創敵手。

1.動作說明

同樣是站於腿踢在樹幹上略彎曲的位置，先均勻地呼吸幾次，放鬆身體、集中精神。然後在實戰姿勢的基礎上以一腿支撐身體，另一腿屈膝提起，呈單腿獨立式，準備踢擊。具體的踢擊要領同前面基本腿法踢打樹幹的內容，

所不同的是這個練習要求練習者是在單腿獨立，將腿屈膝提起的姿勢下發動每一個踢擊動作。使踢擊無法利用在提膝啟動階段身體的慣性力，以充分挖掘出挺腰展腿部分的力量潛能。

（圖84、85）為進行勾踢技術提膝後踢打樹幹練習的動作示意圖。

（圖86、87）為進行側踢技術提膝後踢打樹幹練習的動作示意圖。

圖 84

圖 85

圖 86

圖 87

（圖 88、89）為進行擺踢技術提膝後踢打樹幹練習的
動作示意圖。

2. 技術要點

① 踢擊時，思想意識要集中於攻擊著力點，並意想力
量穿過攻擊目標的表面，滲透到其內部。

② 每一次動作完成後均要回復到單腿獨立的提膝姿
勢。

③ 在踢擊樹幹的過程中，要注意自身的防守，如同身
處於實戰狀態。

(四)練習方法

1. 儘量在每次練習課中，集中於某一種腿法的攻擊威
力強化練習。

2. 練習時思想集中，避開人群打擾，不可圖數量而忽
視品質，剛開始練習時踢擊頻率不要太快，應循序漸進。

3. 以一隻腳練習 20～30 次後，換另一隻腳進行練習。

第八課　控腿的強化練習

在經過前一段時間控腿的基本練習後，為了讓你更快、更直接地進入腿功的高深層次，你有必要在自身功力允許的前提下，加強控腿練習的新穎性與多樣性。透過更多、更高難度的控腿練習，使你的肉體、精神、生理等取得巨大的變化。

（一）控腿移動

1.動作說明

這個練習其實就是指練習者在進行控腿動作的情況下，以支撐腿的腳掌用力，推動身體進行各種方式的移動。比如在進行側控腿時，以支撐腿腳掌用力點地並旋轉，推動身體進行原地旋轉，旋轉的方向可以是順時針，也可以是逆時針（圖90～93）；或者在進行後控腿時，以支撐腿腳掌用力使身體向後跳動推進（圖94～96），或者在進行前控腿練習時，以支撐腿腳掌之力來推動身體向前不斷移動（圖97～99）。總之，練習者可以根據上述方法，用任意的控腿動作進行任意方式的移動。

2.技術要點

① 在進行各種移動時，抬起的腿儘量不要搖晃。
② 練習者控制好在進行移動時身體的重心。
③ 身體不要扭轉歪斜，保持標準的動作要領。

圖 90

圖 91

圖 92

圖 93

圖 94

圖 95

圖 96

圖 97

圖 98

圖 99

(二)負重控腿

即為在抬起的腿上綁上一定重量的鐵瓦或沙綁腿，然後，再進行各種方法的控腿練習。練習者一定要根據自身的功力來決定鐵瓦或沙綁腿的重量。一般來講，剛開始練習以 1～2 公斤左右為宜。

另外，就是同樣重量的鐵瓦或沙綁腿所綁的位置，越靠近腳尖時，練習者就需付出更大的努力來保持被抬起的腿不向下降。

（圖 100）為進行負重後控腿練習的動作示意圖。

（圖 101、102）為進行負重前控腿向前移動練習時的動作示意圖。

（圖 103、104）為進行負重側控腿側向移動練習時的動作示意圖。

（三）練習方法

1.可根據自己的實力，在有一定基礎後，可以進行負重控腿的各種控腿移動練習。

2.在感到身體快將力量用盡時，仍咬牙堅持，並嚴格要求動作規格。

3.左、右腳，各種方法交替進行練習。

第九課　硬度練習

在這一階段，你可以稍微加重敲打、滾壓及蹬擊的力度。練習過程中，儘量使精神意識集中於練習部位，這樣將會取得更好的效果。

不要害怕練習時給身體帶來的疼痛感，這恰好是磨練你意志的好方法。而且，欲成就高超的腿功，也必須能吃得起大苦、大勞方可有所成就。

具體的練習方法按照前面課程中所介紹的內容進行。

第十課　抗阻力踢擊

作為這一階段的必修課。在練習時，要點結出一定的學習經驗來，這為你取得良好的學習成果，能提供積極的幫助。在進行接下來的任何學習內容時，都要能做到勤思考，多總結。

在訓練中，能養成一些良好的學習習慣，其實你就已經獲得成功的一半了。雖然練習的內容與以前一樣，並無差異，但它將會隨你的認識不同，而獲得不同的效果。

第十一課　靜力阻抗

是否一次比一次更用力地對抗固定物，只需做 49 次便是這個練習的極限呢？其實，伴隨呼吸不斷加強用力極限的次數，可以由 49 次增至 81 次。當然，具體的次數由以下幾個方面決定：

首先，不能給身體帶來太大的疲勞，使接下來的訓練無法進行；其次就是，這個次數是你有信心，有實力可以達到的，否則會影響到你的學習熱情；當然這個適當的次數也必須能挖掘出你肌肉的力量潛力。

練習方法還是同以前所學的內容一樣。

第十二課　衝刺跑

具體練習方法同「腿功築基」。儘量提高每次練習時的出腿頻率與幅度。力求發揮出最大、最快的跑動極限，以此挖掘出踢擊進的出腿速度極限。

第十三課　跳繩練習

在按照前面所介紹的方法進行練習時，儘量使呼吸均勻、細長。延長每組練習的時間，並儘量減少組間休息次數與時間。如果你條件允許的話，可以在平時的空閒時間裏，專門抽出一定的精力進行跳繩練習，這將你使身體的速度、耐力、彈跳力、肌肉控制能力等取得更大、更快的進步。

第十四課　放鬆跑

具體練習方法同「初學必修」中的學習內容。控制一

下跑步時的步頻、步幅等要保持住一定的節奏。

第十五課　肌肉抻拉

按照「初學必修」中的方法進行練習。可以增加一些練習組數，這樣可以更有效地將疲勞的肌肉得到休息與恢復。

課程安排

在這一階段，將你的學習時間安排為 25 天。每週進行 6 天的訓練，在此階段的第 1～10 天裏，按照課程安排表 A 的內容進行練習；在第 11～25 天裏按照課程安排表 B 的內容進行練習。每次練習的時間均為 95 分鐘。具體學習內容安排如下：

一、課程安排表 A

練習內容	生物修練	準備活動	踢擊靈活性練習	多角度踢擊	踢擊反應靶位練習	腿法攻擊威力強化	跳繩練習	抗阻力踢擊	硬度練習	控腿的基本練習	放鬆跑	肌肉抻拉	生物修練
練習時間（分鐘）	15	6	5	6	9	8	4	5	8	10	5	4	10

二、課程安排表 B

練習內容	生物修練	準備活動	踢擊靈活性練習	配步踢擊	踢擊反應靶位練習	腿法攻擊威力強化	衝刺跑	靜力阻抗	硬度練習	控腿的基本練習	放鬆跑	肌肉抻拉	生物修練
練習時間（分鐘）	15	6	5	6	9	8	4	5	8	10	5	4	10

學習總結與測試

一、初步形成能進行連續踢擊的技術能力。

二、腿法具有了一定的攻擊威力，練習者可以試一下能否以勾踢擊破 2 公分厚的木板。

三、能夠輕鬆地將腳踢到與自己頭部同高的位置，而且動作標準，用力流暢。

四、如果你在訓練課外，仍有足夠的剩餘時間與精力，可以多看看有關腿功訓練的書籍，也可以將課程中的某些學習內容再揣摩練習一番。

第五節　功力強化

只有兩條路可以通往遠大的目標及完成偉大的事業：力量與堅韌。先天所能夠擁有強大力量的，只屬於少數得天獨厚之人。但苦修的堅韌，雖艱澀而持續，卻能為最微小的我們所用，且很少不能達成我們心中的目標。因為我們那沉默的堅韌，隨時間的日益增長而累積為不可抗拒的非凡力量。

學習目標

一、繼續提高踢擊動作的準確性、規範性、靈活性等。

二、提高練習者的身體重心轉換能力、反應速度、擊打目標的精準性，良好的距離感等格鬥中必備的技能基礎。

三、重點讓練習者的踢擊速度與攻擊威力得到實質性的提高。

目標課題

第一課　生物修練

具體練習方法同「腿功築基」中的課程內容。當你繼續以同樣的要領進行該練習時，其練習品質是否到達一個新的高質。比如精神意識的集中程度，能否一進入練習就可以馬上做上心無雜念，集中思想進行修練。即使稍微有

外界造成的干擾，仍能使精神意識集中。

另外，呼吸的控制，身體的放鬆，心靈的清澈等是否能達到高度的統一。如果你報以不斷進取之心進行修練，你的技藝必將發生翻天覆地的變化。

第二課　準備活動

作為每次練習課的必修內容，具體的練習方法仍同「初學必修」中的課程內容。其練習時的動作順序及強度也沒有任何改變。一切照舊即可。

第三課　踢擊移動靶位

為了幫你更好地鞏固在前幾個階段中進行「踢擊固定靶位」、「踢擊反應靶位」、「踢擊靈活性練習」、「配步踢擊」等等幾個練習中所取得的學習成果。並將其學習成果進行提高，使其向實戰應用的方向靠攏。

此時，練習者再進行擊靶訓練時，同伴可以在出示靶位的過程中不斷變換腳靶的方位及距離。而練習者在踢擊靶位的時候，就要利用步法來調整和控制好雙方的位置，準確判斷靶距、果斷出腳踢擊靶位的中心位置。我們將這種擊靶練習移之為踢擊移動靶位練習。

透過該練習，可迅速提高練習者踢擊移動中目標的能力。同時，也配養練習者步法、身法與踢技之間的配合能力，運動中的重心轉換能力、良好的踢擊節奏感等。

(一) 準備工作

同前面兩個踢靶練習一樣，你需要一位同伴幫你持腳

靶進行練習。

(二)配步踢靶

1.動作說明

進行這個練習時，同伴持靶始終站在原地不動。而練習者可以站在任意的位置上準備進行踢擊靶位。如果是準備運用前腳側踢進行踢擊靶位時，練習者則得用步法將自己移動到剛好能以前腳側踢擊中腳靶的位置上。然後再提起前腳以側踢擊打靶位（圖 1～6）。

完成踢擊後，練習者回復到實戰姿勢，並換到一個新的位置上準備再一次踢靶練習（圖 7～11）。練習時，同樣是要先利用步法來調整好與腳靶間的距離後再進行踢擊靶位。

圖1

圖2

圖3

圖4

圖5

圖6

圖7

圖8

圖9

圖 10

圖 11

按上述方法進行各種腿法的移動身體踢靶練習。

2. 技術要點

①同伴一定要儘量保持靶位於原地不動。

②練習者要步法移動準確、踢擊果斷、快速。

③步法與踢擊配合時，一定要保證身體的平衡，用力的順序、發力的流暢等。

(三)原地踢擊移動靶位

1. 動作說明

練習者在進該練習時，身體始終處於原位，不作任何方向的步法移動。同伴在持靶過程中，利用自身步法的移動，來不斷改變所持的腳靶與練習者之間的距離與位置。

如果練習者準備以前腳勾踢來擊打該移動靶位，則應瞅準時機，當同位所持的腳靶剛好移動到練習者能以前腳勾踢擊中的位置上時。練習者則應快速反應，果斷地提起前腳，以勾踢來擊打同伴手中腳靶的中心位置（圖 12～17）。

圖12

圖13

圖14

圖15

圖16

圖17

擊打完成後，回復到實戰姿勢，仍立於原地。同伴重新開始利用步法來調整手中腳靶與練習者之間的踢擊距離與位置，練習者在同伴移動到踢擊位置後，再次抬腿踢擊腳靶（圖 18～23）。如此反覆練習。

按上述方法進行各腿法的原地踢擊移動靶位練習。

2.技術要點

① 提腿擊靶時，要快速果斷、毫不猶豫，否則易錯失

圖 22

圖 23

時機。

②同伴僅僅是用步法的移動來帶動腳靶與練習者之間距離與位置的變換。持靶的手則應固定，不可搖晃。

③練習者應保證踢擊動作的規範性、合理性、科學性等。不可只求踢中腳靶，而失去踢擊動作的技術標準。

（四）踢擊移動靶位的常規練習

1.動作說明

在練習過程中，同伴始終利用自身步法的移動，使靶位處於移動狀態。而練習者也利用步法將身體移動起來，來調整及控制好雙方的位置，並尋找踢擊腳靶的時機。如果練習者準備以後腳旋踢來擊打腳靶時，則應利用步法來調整好自身與靶位間的距離，當調整到雙方的距離恰好處於後腳旋踢的理想踢擊距離時。

練習者則瞄準時機，力求以規範、正確、靈活的後腳旋踢精準地擊中靶位的中心點（圖 24～28）。

圖 24

圖 25

圖 26

圖 27

圖 28

圖 29

圖 30

圖 31

圖 32

圖 33

　　完成踢擊後應立即回復到實戰姿勢，再重新利用步法
移動來調整與腳靶間的位置，準備進行又一次的踢擊移動
靶位練習（圖 29～33）。如此反覆和進行。

　　按上述方法進行各種腿法的踢擊移動靶位的常規練習。

2. 技術要點

　　① 同伴持靶時的靶位及移動，與練習者的踢擊動作在
運動路線、方向等方面要有一致性。

②在移動中踢擊時，要體會身體各部位在踢擊時的發力順序。

③移動靶訓練中最常見的錯誤是，在擊靶過程中，同伴出現揚靶節奏的破壞。由於移動靶訓練是雙方在移動中進行的，拳手在移動中身體的重心在不斷轉移、變換，以便為隨時踢擊靶位服務。這就存在重心調整的時間差問題，同伴不應胡亂移動，要保證移動時的方向、速度等始終一致，以免破壞練習者踢擊時的節奏。

(五) 練習方法

1. 在熟練「配步踢靶」及「原地踢擊移動靶位」的基礎上進行「踢擊移動靶位的常規練習」。

2. 儘量在一次訓練課中針對某一種腿法進行前、後腳，左、右實戰姿勢的踢擊移動靶位練習。

3. 練習時間以 2～3 分鐘為一組，反覆多組進行。

4. 對初學者來說，在進行練習時，同伴移動的速度不宜過快，待練習者有一定基礎後再提高移動速度。

第四課　跳繩練習

具體練習方法同「技能培養」中的學習內容。

第五課　極速踢擊練習

速度在截拳道中佔有極重要的地位。如果一位拳手在踢擊速度上較對手不佔據優勢，那麼，在實戰中必將處於被動局面。

極速踢擊練習在截拳道訓練中是一種比較成熟的訓練

方法，也比較流行。它能讓練習者在有限的訓練時間裏達到最理想的訓練效果。大約進行幾次極速踢擊訓練後，你就會感到人的踢擊速度已經有了明顯的提高。

（一）極速空踢練習

該練習主要訓練練習者快速踢擊的專項運動能力，這是衝刺跑或抗阻力踢擊訓練中不可能達到的效果。進行這套練習能幫助練習者用更快更為協調的動作完成踢擊。

1.動作說明

整套訓練分為四組練習進行。在進行第一組練習時，練習者在 30 秒的時間內以最快速度進行任意的踢擊動作練習（圖 34～49）。然後休息 30 秒左右進行第二組練習。進行第二組練習時，要練習者在 25 秒的時間內完成與第一組同樣多的踢擊次數。在休息 30 秒左右進行第三組練習。進行第三組練習時，要求練習者在 20 秒的時間內完成與第二組一樣多的踢擊次數。然後再休息 30 秒左右進行第四組

圖34

圖35

圖 36

圖 37

圖 38

圖 39

圖 40

圖 41

圖 42

圖 43

圖 44

圖 45

圖 46

圖 47

圖48

圖49

練習。進行第四組練習時，要求練習者在15秒的時間內完成與第三組一樣多的踢擊次數。接下來，練習者充分休息1～2分鐘後進行下一輪的整套極速空踢練習。

2.技術要點

①進行極速踢擊時，一定要先讓身體充分放鬆下來，這是讓你能發揮出最佳踢擊速度的關鍵性環節。

②進行這個練習時，你必須改掉以前一些妨礙速度發揮的不良運動習慣。動作要簡捷、靈活、自然。大腦意識要堅決、果斷，身體與思想意識融為一體，朝踢擊的極限運動速度邁進。

(二)極速踢擊目標練習

實戰中，你必然以最快的速度來踢擊目標，這就要求你既要有極快的踢擊速度，又要有極精確的踢擊準確性。而這一切都是你的身體各部位瞬間協調工作的結果。動作協調程度稍有不夠，或者說是你在一瞬間無法將身體進入

到良好的協調運動狀態，都將影響到踢技的攻擊效果。

那麼，進行下面的這個練習就顯得非常有必要。

1. 動作說明

練習者面對腳靶（木樁或沙袋）站立進行四組的整套踢擊目標練習。在進行第一組練習時，練習者在 30 秒的時間內以最快的速度準確地踢擊腳靶（木樁或沙袋）多次（圖 50～64）。然後休息 30 秒左右進行第二組的踢擊目標練習。

進行第二組練習時，要求練習者在 25 秒的時間內完成與第一組同樣多的踢擊腳靶（木樁或沙袋）次數。然後休息 30 秒左右進行第三組的踢擊目標練習。

進行第三組練習時，要求練習者在 20 秒的時間內

圖 50

圖 51

圖 52

圖 53

圖 54

圖 55

圖 56

圖 57

圖 58

圖 59

圖 60

圖 61

圖 62

圖 63

圖 64

完成與第二組同樣多的踢擊腳靶（木樁或沙袋）次數。然後再休息 30 秒左右進行第四組的踢擊目標練習。

在第四組練習中，要求練習者在 15 秒時間內完成與第三組同樣多的踢擊腳靶（木樁或沙袋）次數。接下來，練習者充分休息 1～2 分鐘後，進行下一輪的整套極速踢擊目標練習。

2. 技術要點

① 每組練習時，均要全力以赴，不可有絲毫鬆懈之意。但不要將身體繃緊，應是精神繃緊，身體放鬆。

② 無論你多麼追求更多的踢擊次數，一定要以標準、規範的踢擊動作為前提，且一定要精準地踢中目標。

③ 練習過程中，不要胡亂踢擊一氣，要保持一定的動作節奏，這樣既會節省體力，更會發揮出更快的踢擊速度，動作的節奏可模仿打擊樂器、鑼鼓等聲音的節奏進行。

④ 被踢擊的目標要固定、不可移動。

(三) 練習方法

1. 上述兩個練習看似相近，實則訓練目的大不相同，故在每次訓練課中兩個練習都要進行。

2. 每次訓練課中，都要進行整套的四組踢擊。

3. 訓練中要考慮到各腿法的運動路線各不相同，故而各腿法的運動時間也大不一樣。同樣的道理各腿法的踢擊目標位置也不一定相同。

第六課　抗阻力踢擊

這一階段的練習中，具體的練習方法同「技能培養」中的內容。為了進一步提高練習效果，你有必要更注重踢擊時的用力感覺及運動速度，並在力所能及的前提下增加踢擊時的阻力。在練習中，隨著你訓練水準的提高，訓練的難度也應有所提高，如果仍沿用以前的訓練強度。那麼，你的訓練水準仍將原地踏步，不得上進。

第七課　靜力阻抗

經過一段時間的練習後，你應該已經掌握了一些身體在對抗固定物時協調用力的經驗，這對提高你在踢擊時身體能更加有效地用力會很有幫助。

當然，你在踢擊時所必備的肌肉力量也有了一定程度的提高。你應當更加注重在練習時每次用力的極限程度，以及用力的次數。有一點你要切記這個練習不是鍛鍊你的肌肉耐力，所以不要一味地增長極限用力的次數，要更加注重每次用力的極限程度。用力的極限程度有多大，也說明你在踢擊時所能發揮出的極限力量有多大。

具體的練習方法同前不變。

第八課　腿法攻擊威力強化

這個練習看似簡單，實則深藏中國內家功夫的奧義，不知你體會到了沒有。中國內家功夫的精義便是「六合」。而在這個練習中也讓你做到了內家功夫中的「六合」，即外合：手、眼、身；內合：精、氣、神。如果你

尚未體會到或未做到這一點，請你繼續用心練習。具體的練習方法同前不變。

第九課　硬度練習

在你關節硬度取得進步的同時，應該注重總結訓練經驗。比如：準確地把握練習時用力的幅度，每組練習多長時間合適等等。一定要記住在訓練課之後，對練習部位塗抹消腫化瘀、通筋活血的藥膏。

具體的練習方法同「腿功築基」中的課程內容。

第十課　控腿的強化練習

具體的練習方法同前。你可以在練習中增加鐵瓦或沙綁腿的重量，也可以增加控腿移動時的頻率與步幅。

除此之外，還應當更加注意在負重及移動時，控腿動作的品質，儘量保持身體端正和提高控腿的高度。

第十一課　腰腿爆發潛能激發

在實戰中，拳擊運動員可以打出高品質的爆發重量，而舉重運動員卻不能。按說，舉重運動員的身體力量不一定會比拳擊運動員差。二者的差異是，拳擊運動員擁有瞬間發揮出全身最大爆發性用力的能力，而舉重運動員力量雖大卻不具備這種能力。

在前面的學習中，你已經掌握了許多可以練習和挖掘出身體最大力量的方法，並經過了一段時間的練習。然而，你還得能在瞬息萬變的實戰中，隨時將身體的最大力量以極快的速度發揮出來方可，否則，將貽誤戰機或起不

到重創對手的效果。

本課中所提供的這個練習，就是重點培養練習者在瞬間發揮出最大踢擊爆發用力的能力。另外，該練習具有一定的難度，故需練習者必需具備一定的力量基礎。

(一)準備工作

你需要準備一個有 0.8 公尺高的木箱或找一個有 0.8 公尺左右高的水泥台。因為在練習過程中，你有一個從 0.8 公尺高的位置向下跳的動作。

(二)動作說明

1.練習者站在 0.8 公尺高的跳箱或跳臺上，雙腿屈膝半蹲，準備由跳箱或跳臺上往下跳（圖 65）。

2.練習者向起跳位置前 2 公尺遠的地方跳下去（圖 66）。

3.跳下落地後，練習者迅速以全力向上起跳（圖 67）。

圖 65

圖 66

圖 67

圖 68

圖 69

圖 70

4. 練習者跳起後，兩手平舉，在空中將臀部左右各甩動 1 次（圖 68、69）。

5.落地後，練習者重新回到跳箱或跳臺上，準備又一次的練習。

（三）技術要點

1. 進行練習時，要求練習者從跳箱或跳臺上跳下後，在雙腳觸地的瞬間迅速爆發性向上跳起，儘量跳得更高。

2.練習者從上跳下後的落地點儘量接近 2 公尺。

3.練習者跳下後落地的瞬間，膝關節盡可能為 90 度左右，並迅速將膝關節制動，不再向下緩衝，使膝關節鎖定在 90 度角（圖 70）。

4.向上起跳時，身體猛烈噴氣發力，使自己盡可能達到最大高度。

(四)練習方法

該練習以反覆進行 10～12 次為一組，多組重複。

第十二課　衝刺跑

具體的練習方法同「腿功築基」中的學習內容。

第十三課　放鬆跑

在你練習強度提高的同時，放鬆跑的練習也就顯得越發重要了。儘量提高放鬆跑的練習品質，也使得你疲勞的身體獲得更好的休息與恢復。

具體的練習方法同前不變。

第十四課　肌肉抻拉練習

具體練習方法同「初學必修」中的學習內容。

課程安排

完成這一階段的學習課程需要 20 天的時間。每週訓練 6 天，另外 1 天休息。每次訓練課的時間為 100 分鐘。在

每週的一、三、五按課程安排表 A 的內容進行練習在每週的二、四、六按課程安排表 B 的內容進行練習。

具體的課程安排內容如下：

一、課程安排表 A

練習內容	生物修練	準備活動	踢擊移動靶位	跳繩練習	極速踢擊練習	腿法攻擊威力強化	抗阻力踢擊	硬度練習	腰腿爆發潛能激發	放鬆跑	肌肉抻拉	生物修練
練習時間（分鐘）	15	7	15	5	8	8	5	8	10	5	4	10

二、課程安排表 B

練習內容	生物修練	準備活動	踢擊移動靶位	衝刺跑	極速踢擊練習	腿法攻擊威力強化	靜力阻抗	硬度練習	控腿的強化練習	放鬆跑	肌肉抻拉	生物修練
練習時間（分鐘）	15	7	15	5	8	8	5	8	10	5	4	10

學習總結與測試

一、能準確地踢中你所想要踢擊的目標，且力道強勁，速度較快。

二、身體的健康狀況到了一個新的境界。

三、已形成良好的生活作息習慣，使你有充分的時間與精力進行李小龍超級腿功的學習。

四、在學習過程中取得的可喜成績，讓你有更大的信心與熱情進行接下來的練習。

第六節　脫胎換骨

　　培養你強勁的踢擊爆發力，迅雷不及掩耳的踢擊速度等，只是對腿功訓練的開始，學習腿功的最終目的是向實戰應用這個目標奮鬥。

　　在你的各項基本功都達到一定水準後，就得進行真正你想學的東西——強大的動手實戰能力。

學習目的

　　一、培養格鬥競技中敏捷的思維判斷力、靈活的快速反應能力，果斷的起腿攻擊意識。

　　二、形成良好的踢擊節奏感，能較輕鬆地進行連環多角度重踢。

　　三、具備精準的攻擊時機洞察力及強烈的防禦反擊意識。

目標課程

第一課　生物修練

　　對於內功修練的境界，可以說是永無止境的。你即便到目前已取得較為驚人的成績，但也不過是在汪洋大海中

勺起了一瓢水而已。欲求得內功的修極境界，絕非朝夕之功。你除了按前面課程中所介紹的內容繼續進行學習外，還得不斷總結學習經驗。

第二課　準備活動

具體的練習方法同「初學必修」中的課程內容。隨著訓練活動的不斷深入，每練習課的強度與難度皆有一定程度的提升，你可以總結以往準備活動的練習經驗，讓自己在有限的練習時間內使準備活動做得更充分。

第三課　實戰靶位練習

這是指拳手與同伴之間進行類似實戰的練習，只是練習者由擊打同伴的身體改為擊打同伴手中的靶位而已。在練習中，雙方處於一定的攻防距離之內不斷移動。如果同伴前進一步，練習者就後退一步；同伴向左或向右移動，練習者就向著同伴同樣的方向移動。這樣使雙方始終處於一個有效的攻防距離上。同伴邊移動邊出示靶位，練習者就邊向著同伴移動邊出招擊打靶位。練習者要移動、出招迅速，還要善於觀察同伴會出示什麼樣的靶位，以此提高思維意識及動手實戰能力。

實戰靶位練習分為：主動攻擊靶位、防禦反擊靶位、綜合技術靶位等三種靶位練習。

(一) 準備工作

不用說你也會知道，進行這個練習需要一個同伴手持腳靶來幫你完成練習。你最好找一位有武術基礎的同伴一

同練習，這樣雙方都可以進行合理的攻防技術演練。

(二)主動攻擊靶位

這種靶位練習，主要是用以培養練習者在實戰中能搶抓戰機，洞察局面，快速反應，從而搶先主動攻擊對手的能力。

1. 動作說明

練習時，雙方處於一個有效的攻防距離上不斷相互移動。在移動過程中，同伴每間隔 0.5 秒或 1 秒，將腳靶的位置變換一次。練習者根據所出示的靶位，雙方的距離與位置，雙方移動時慣性力的相互作用等，來判斷以何種踢法擊打靶位最為有效。然後根據判斷快速、果斷起腿踢靶，力求在 0.5 秒或 1 秒的時間內踢中同伴手中的腳靶。不論同伴手中的腳靶如何變換位置，練習者都須冷靜，迅速反應，果斷起腿踢擊靶位，完成踢擊後迅速將腿回撤，為下一次踢靶作準備。同伴則應模擬實戰情形來將手中的靶位進行變換，以供練習者進行腿法主動攻擊能力的培養。下面略舉幾例供讀者參考：

例 1，如（圖 1～7）所示。同伴出示前腳低位側踢的靶位一次，接前腳高位側踢的靶位一次，再接前腳中位側踢的靶位一次……練習者根據出示的靶位來起腳踢擊。

圖 1

圖2

圖3

圖4

圖5

圖6

圖7

例 2，如（圖 8～16）所示。同伴先出示後腳低位勾踢的靶位一次，接前腳高位擺踢的靶位一次，接前腳中位勾踢的靶位一次，再接後腳高位旋踢的靶位一次……練習者根據出示的靶位來進行踢靶練習。

圖 8

圖 9

圖 10

圖 11

圖 12

圖 13

圖 14

圖 15

圖 16

圖 17

例 3，如（圖 17～27）所示。同伴出示前腳高位擺踢的靶位一次，接前腳高位勾踢的靶位兩次，接後位低位勾踢的靶位一次，再接後腳高位勾踢的靶位一次……練習者根據出示的靶位進行踢靶練習。

圖18

圖19

圖20

圖21

圖22

圖23

圖 24

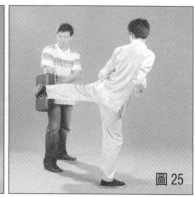

圖 25

圖 26

圖 27

2. 技術要點

① 雙方在整個練習過程中始終在有針對性地移動，同伴不斷地前、後、左、右移動，試圖退出練習者的有效攻擊距離與位置，而練習者則步步跟進，使同伴處於有效的攻擊範圍內，以提升步法移動靈活性及實戰技能。

② 進行實戰靶位的練習，要有實戰的氣氛。同伴要將自己想像成一名格鬥對手，而不是只將思想停留在陪練揚靶上，這樣才能達到接近實戰的效果。

③揚靶的套路要多樣化、如同實戰中瞬息萬變的情況一樣，不可揚靶時靶位的變換單一、死板。

(三)防禦反擊靶位

在實戰中，格鬥雙方你來我往施展拳腳攻擊對手。在你攻擊對手的同時，也會遭受到對手的激烈攻擊。這時，除了要防護好自己外，更主要的是在防守後給以對方更猛烈的反擊方可擊敗對手。進行防禦反擊靶位的練習就是重點強化練習者在格鬥中的反擊能力。

1. 動作說明

練習者與同伴保持一定的實戰距離面對面站立。練習時，同伴不斷利用步法來與練習者周旋，並以一個或幾個攻擊動作來擊打練習者，而練習者也同樣利用步法與同伴周旋，同時根據同伴的攻擊技法作出相應的防守。

練習者在防守同伴進攻的或防守後的瞬間，根據同伴出示的靶位來作相應的踢靶動作。練習者由防守單一進攻進行單一反擊開始，隨水準的提高過渡到防守同伴的連續進攻，並根據同伴變換的幾個不同靶位進行相應的連續反擊動作。下面略舉幾例供讀者參考：

例 1，如（圖 28～31）所示。同伴前手直拳進攻練習者一次，接著出示前腳中位勾踢靶位一次……，練習者根據同伴的攻擊動作及出示的靶位作相應的練習動作。

圖 28

圖 29

圖 30

圖 31

圖 32

例 2，如（圖 32～38）所示。同伴前腳低位側踢進攻一次，再前腳中位勾踢進攻一次，接著出示前腳高位勾踢靶位一次，再出示後腳旋踢靶位一次……，練習者根據同伴的攻擊動作及所出示的

圖 33

圖 34

圖 35

圖 36

圖 37

圖 38

靶位作相應的練習動作。

　　例 3，如（圖 39～48）所示。同伴後腳低位勾踢進攻一次，再前手直拳進攻兩次，接著出示前腳低位側踢靶位一次，再出示前腳高位側踢靶位一次，再出示前腳高位擺踢靶位一次⋯⋯練習者根據同伴的攻擊動作及所出示的靶位進行相應的練習動作。

圖 39

圖 40

圖 41

圖 42

圖 43

圖 44

圖 45

圖 46

圖 47

圖 48

2. 技術要點

①同伴的攻擊動作要完整逼真。如有些同伴在進行擺拳的攻擊時，不是朝練習者的身體目標擊打，而是從目標周圍繞去，沒有達到迫使練習者做完整的防守動作，久而久之使練習者的防守動作變形，也使自己的攻擊動作變形。

②實戰靶位練習的運動量要盡可能接近比賽實際所需的運動負荷。練習者要盡全力來訓練。

③揚靶的位置一定要準確、不可有偏差。一旦練習者與同伴適應了某一種練習方式或動作，就可以進行更為複雜的擊靶練習。

(四)綜合技術靶位

在格鬥競技中，主動攻擊的運用與防禦反擊的運用是密不可分的，必須根據實戰的具體情形有機地施展主動攻擊與防禦反擊，稍有差錯，便會有被擊敗的危險。面對瞬息萬變的實戰局面，練習者必須具備相當的攻防技能轉換能力及良好的綜合技術應用能力方可立於不敗之地。

1. 動作說明

練習者與同伴在不斷利用步法相互周旋的基礎上進行練習。整個練習過程由主動攻擊靶位及防禦反擊靶位結合在一起所構成，兩個靶位不時地交替穿插進行。而練習者根據具體的靶位進行相應的練習動作。比如：同伴先出示主動攻擊靶位讓練習者擊靶，在練習者進行擊靶動作時，同伴進行攻擊其身體所暴露的空檔之處，這樣就又轉入到

防禦反擊靶位的練習了（圖 49～54）。

　或者同伴在練習者連續進行攻擊靶位的練習時，突然還擊去進攻練習者的防守空檔，迫使練習者中斷進攻動作或改變進攻策略，也提醒練習者在進攻之時注重自身的防守做到攻守兼備（圖 55～61）。當然練習也可以由同伴先攻擊練習者（防禦反擊靶位）開始進行練習。但無論如何，都要讓練習者在進攻之時還要進行自身的防禦，在防禦對手進攻之時，還要發起猛烈的反擊。

圖 49

圖 50

圖 51

圖 52

圖 53

圖 54

圖 55

圖 56

圖 57

圖 58

2.技術要點

　　①在練習之中，同伴要時刻提醒練習者格鬥攻防姿勢的正確性，當練習者攻防姿勢走樣時，同伴就用空出的手或腳擊打他的防守空隙處。

　　②同伴還要不時地有針對性地予以還擊，速度要快，充分體現出實戰對抗中的氣氛。陪練者的還擊動作要根據臨場情況進行，不事先告知練習者，如此方可提高練習者的攻防轉換能力，以適應實際格鬥競技的需要。

(五)練習方法

1. 進行實戰靶位練習以每 3 分鐘為一組，多組重複，在每組的最後 20～30 秒時，同伴要不斷變換和移動靶位，迫使練習者拼盡全力來完成訓練。只有這樣才能練習實際格鬥競技中所需的體力和實戰本領。

2. 以上三個訓練方法在練習過程中要循序漸進，不可急於求成。由於三個訓練方法的側重點各不相同，故而不可只側重於某一種訓練方法。

3. 在一次訓練課中由於時間有限，可以只集中於某一種訓練方法的練習。

第四課　觸足練習

這是一個充滿趣味性的練習。能迅速提高練習者在運動中條件反射的敏捷性、攻防的本能動作，雙腳起動的靈活性和速度等，更重要的是讓練習者擁有不可思議的格鬥攻防動手能力。

(一)準備工作

進行這個練習需要找一個喜好武術的同伴一同練習，這樣也可以形成一個良好的練習氣氛。

(二)動作說明

練習者與同伴面對面站立，間隔一小步遠的距離，雙方均保持實戰姿勢並以眼睛緊盯住對方的眼睛（圖 62）。

練習開始時，雙方集中精神，同伴突然將一隻腳向前

挪動，以迅雷不及掩耳之勢觸摸練習者的腳尖或腳背（圖63）。

　　練習者迅速反應，利用向後滑步或將腳背抬離地面等方式躲避同樣的觸摸（圖64、65）。

　　同伴則可利用練習者躲避觸摸時的瞬間再次挪腳去觸摸練習者的另一隻腳尖或腳背（圖66），而練習者除了躲避同樣的觸摸，也可以利用同伴發起動作時，身體重心轉移的瞬間去迅速挪腳觸摸同伴的腳尖或腳背（圖67），同

圖 62

圖 63

圖 64

圖 65

圖 66

圖 67

圖 68

伴也要迅速躲避對方的觸摸（圖 68）。如此，雙方即要躲避對方觸摸，又要挪腳力求觸摸到對方的腳尖或腳背。

（三）技術要點

1. 雙方都要緊盯對方的雙眼，以眼睛的餘光來注視對方雙腳的挪動。不可用眼睛直接盯住對方的雙腳。

2. 一定要放鬆身體，這是反應敏捷，動作迅速的前提，但精神意識要集中。

3. 不要用太猛的氣力去觸碰對方的腳尖或腳背，以免發生不必要的訓練損傷。

4. 在對方的腳快要觸摸到自己時方可將腳挪開，不要一看見對方發起觸摸動作就挪動腳步，否則，對方會利用你身體重心轉換的時機改變觸摸戰術，輕而易舉地觸摸到你。

(四)練習方法

1.以左、右實戰姿勢交替進行練習。

2.以 60～90 秒為一組練習，多組重複、並注意組間休息。

第五課　閃電攻擊特訓

是不是你的踢擊速度夠快，就一定能在格鬥競技中發動踢擊迅速地攻擊到對方呢？很顯然，答案是否定的，因為在整個攻擊過程中還包括有對攻擊時機的判斷，攻擊技法的選擇，身體的反應速度等諸多因素，而踢擊動作的速度只是其中的一個小環節而已。

因此，在你已經擁有快速踢擊動作的同時，還需要使其於的相關環節也夠快才能做到攻擊如閃電般，使對手來不及反應即被擊敗。

(一)準備工作

進行該練習時，需要準備一個可供踢擊的固定物，如：樹幹、木樁、落地式沙袋均為理想之選。另外，找一個有共同興趣的同伴來協助你練習也是必不可少的。

(二)閃電搶攻特訓

主要是培養練習者在實戰中以對手來不及反應的速度來主動攻擊對手的實戰技能。

1.動作說明

練習者與同伴均以實戰姿勢站立於樹幹或木樁等之類

某一固定物的兩側，雙方均站於以腳剛好踢到固定物的位置上。練習時，以同伴先發起動作來踢擊固定物，而練習者則不待同伴踢到固定物，就迅速反應，判斷對方的踢擊動作，並迅速以同樣的踢擊動作搶先踢到固定物上。

比如：練習者判斷出同伴是以前腳勾踢來踢擊固定物，則快速、果斷地發起前腳勾踢，盡最大努力，使自己比同伴搶先踢到固定物（圖 69～71）。

或者同伴是以後腳旋踢來踢到固定物，那麼，練習者就要在其發動踢擊動作的起始階段判斷出他的踢擊動作，並迅速地發動後旋踢，以不可思議的速度做到比對方搶先踢到固定物（圖 72～74）。

圖 69

圖 70

圖 71

圖 72

圖 73

圖 74

2. 技術要點

① 為了刺激練習者拼盡全力來完成練習，同伴在踢擊固定物時，速度也要夠快。

② 同伴要儘量減少踢擊時的動作預兆、使練習者無法判斷出你要進行的踢擊動作。而練習者要充分發揮自己的洞察力，在對方稍微有所動作時，或者從其一送肩、一轉腰、一揮臂等就能知道其要進行的踢擊動作，並比對方搶先完成踢擊動作。

③ 在進行練習時，一定要注重踢擊動作的標準、規範，使其在擊打目標時除了擁有更快的攻擊速度，也要有迅猛的爆發力，良好的精準性等。

(三) 閃電反擊特訓

主要是用於培養練習者在格鬥競技中遭受攻擊時，不待對方攻擊到自己，就能以更快的速度踢到對手的防禦反擊技能。

1. 動作說明

練習者與同伴均以實戰姿勢分立於樹幹或木樁某一固定物的兩側，雙方均站在以一腳剛好踢中固定物的位置上。練習開始時，同伴先發起動作踢擊固定物，而練習者則根據其發起踢擊時的起始動作迅速判斷出他要進行的踢擊動作。並分折出可用於反擊對方的理想踢擊動作，不待對方踢到固定物，就已分析出的反擊動作搶先於對方踢到固定物上。

比如：同伴以中位側踢來踢擊固定物時，練習者除了

要準確地判斷出他要進行的踢擊動作外，還要分析出合理
的反擊同伴的踢擊動作，當認為前腳低位側踢是理想的反
擊方法時，就要在同伴未能踢到固定物之前，就搶先以反
擊動作踢到固定物上（圖75～77）。

　　練習雙方也可以進行反擊拳法等多種方式的閃電反擊
特訓。比如：同伴以後手直拳來擊打固定物時，練習者不
待同伴擊中固定物，就根據其身體出現的防守空檔來發動
後腳中位勾踢來搶先擊打到固定物上（圖78、79）。

圖75

圖76

圖 77

圖 78

圖 79

此時同伴要將與固定物之間的距離調整到後手直拳的攻擊距離上。進行其他方式的練習時，也要求練習者取得相當的訓練水準後方可進行。

2.技術要點

①儘量要集中精神，拼盡全力來完成訓練，否則起不到預期的訓練效果。

②練習者要將眼睛緊盯對方的雙眼，並以眼睛的餘光來注視對方的全身各部位，不可目光四處游動，也不可將目光緊盯對方的雙腳，這樣會養成不良的實戰習慣，因為在實戰中，對手會隨時發動拳法、或肘法、或擒摔技法等。只注視其雙腳或目光四處游動，極易遭到意外的攻擊。

③一定要將身體放鬆下來，不要因為身體肌肉的緊張而造成動作的僵硬。

(四)練習方法

1. 在閃電搶攻特訓取得一定的訓練成果後再進行閃電反擊特訓的練習。

2. 以反覆進行 20～30 次的閃電踢擊特訓動作為一組，多組重複。

第六課　抗阻力踢擊

具體的練習方法同「技能培養」中的課程內容。在進行這一階段的練習時，儘量使你的踢擊動作踢到頭部以上的位置或更高。這會讓你的功力得到更大的長進。

第七課　靜力阻抗

在練習中要總結學習經驗，如何使身體做到更大極限的發力。在格鬥競技中，你的踢擊產生不了強大的摧毀力，不是你不具備強有力的肌肉力量，極有可能是沒有將肌肉力量最大極限地發揮出來。要想讓你的踢擊威力不斷加強，請你繼續在這一階段進行該練習。

具體的練習方法同「技能培養」中的課程內容。

第八課　硬度練習

請你繼續按「技能培養」中的課程內容開展該練習。此時，你可以放心地加強滾壓、敲打、震腳等練習過程的力度與頻率。不必像前幾個階段那樣有所顧慮，也可以更換硬度強一些的工具進行練習。

第九課　腿法攻擊威力強化

在這一階段進行該練習時，具體的練習方法同「進階之路」中的課程內容。在練習時務必使你的意、力、氣、手、腿、身，做到高度協調、統一。達到高深莫測的六合境界。

第十課　極速踢擊練習

在前一階段的基礎，不斷提高在進行極速踢擊時的節奏感、協調性等。同時，踢擊時的肢體用力順序以及合理地將肌肉放鬆等也是練習中需要用心體會的關鍵環節，它們是讓你取得優異成績的奧秘。

具體的練習方法同上一階段的課程內容。

第十一課　腰腿爆發潛能激發

經由上一階段的學習，你應該明顯感到這是一個極具挑戰性的練習，一定要注重練習中技術要點。

具體的練習方法同前一階段的課程內容。

第十二課　控腿的強化練習

具體的練習方法同「進階之路」中的課程內容。儘量使腳一旦抬起後就不放下來，直到練習課結束。

第十三課　放鬆路

具體的練習方法同「初學必修」中的課程內容。

第十四課　肌肉抻拉

具體的練習方法同「初學必修」中的課程內容。

課程安排

進行本階段的學習共需 24 天，分為 4 週，每週 6 天進行。每次訓練課的時間為 100 分鐘。在課程內容的安排上設計了兩個訓練模式，在每週的一、三、五按課程安排表 A 的內容進行練習，在每週的二、四、六按課程安排表 B 的內容進行練習。具體的課程安排內容如下：

一、課程安排表 A

練習內容	生物修練	準備活動	實戰靶位練習	極速踢擊練習	觸足習	腿法攻擊威力強化	抗阻力踢擊	硬度練習	腰腿爆發潛能激發	放鬆跑	肌肉抻拉	生物修練
練習時間（分鐘）	15	7	15	8	5	8	5	8	10	5	4	10

二、課程安排表 B

練習內容	生物修練	準備活動	實戰靶位練習	閃電攻擊特訓	觸足習	腿法攻擊威力強化	靜力阻抗	硬度練習	腰腿爆發潛能激發	放鬆跑	肌肉抻拉	生物修練
練習時間（分鐘）	15	7	15	8	5	8	5	8	10	5	4	10

學習總結與測試

一、是否發現自己在通過這一段時間後，不但獲得良好的踢技功力，而且還鍛鍊出其他學習不易造就的堅強鎮定的意志品質；長時間集中精力的專注力與耐受力；克服困難與迎接挑戰的熱情與自信心；以及控制自己情緒的自我克制力等，建立成為一個真正功夫大師所必備的良好個性、人格與氣質。

二、踢擊爆發力相當驚人，打擊力像電一般穿透迅猛，震盪強烈，能以側踢擊斷 4 公分厚的木板。

三、是否已具備讓對手來不及反應的攻擊速度，以及連環攻擊直至擊垮對手的實戰意識。

第七節　登峰造極

　　世上的功夫並沒有高低優劣，只有習武的人之間的強弱之別，這就好比老師教學生，同樣是一個老師教，而學習成績卻有天壤之別。由李小龍超級腿功的學習，我們可以發現，你無論擁有多麼優秀的學習方法，如果不能由這個學習過程認識到一個真正的自己，戰勝自身的惰性，那麼，便絕無成為腿功高手的可能。因為我們真正的對手也許就是我們自己。

學習目的

　　一、學習與掌握實用高效的踢擊戰術，形成合理、規範的技戰術應用能力。

　　二、繼續強化踢技在格鬥競技中所需的專項功力。

目標課程

第一課　生物修練

　　生物修練一直是截拳道中的一項重要練習，因為截拳道是一種內外兼修的功夫。它雖然注重外形上打鬥動作的練習，但更注重於內功心法的訓練。只有一個人的內氣、

勁意充足了，才能使其鬥志昂揚，創造出不朽的奇跡，攀登上武術的頂峰境界。具體的練習方法同「腿功築基」中的課程內容。

第二課　準備活動

具體的練習方同「初學必修」中的課程內容，精準地把握好練習時的強度，既讓練習者進入到身體舒展，興奮的狀態，又不使身體在練習中過多地浪費體力。

第三課　實戰靶位練習

在上一階段，你系統地學習了實戰靶位練習的方法，並獲得了一定的實戰動手技能。在這一階段時，你在熟練實戰靶位練習的基礎上，重點將實戰動手技能提升到一個新的境界，儘量使靶位的變換更新穎、更實效，一步步提高訓練難度。

具體的練習方法同上一階段中的課程內容。

第四課　踢技經典技戰術之——連環踢擊的應用

精簡凌厲、自由發揮的連環踢擊是李小龍實戰決勝的一大絕技。當年，李小龍的高超連環踢擊戰勝過無數拳擊、空手道、跆拳道、柔道以及自由搏擊高手。他甚至能在不超過第三腳的攻勢中，將包括泰拳王在內的格鬥高手徹底擊潰。在格鬥競技中，腿法比其他技法有更長的擊打距離，更強猛的力道等，其立即就能結束戰鬥的巨大潛在攻擊效果倍受各門派格鬥功夫的重視。

不過，腿法雖然威力強勁，但在實際應用中，鮮有單

招腿法就致敵敗陣的場面，特別是對付技戰術水準較高或身強力猛的敵手時，就必須運用連環踢擊，攻擊再攻擊，不給對手以喘息之機，才能達到制服對手的效果。

(一)準備工作

同前兩個練習一樣，需要找一名同伴，穿戴好護具進行練習。

(二)動作說明

對於連環踢擊的具體動作方法，沒有一個固定的模式可循，完全依照格鬥競技時的實際情形隨機地進行施展，這需要練習者在實戰中反覆揣摩，摸清連環踢技的動作規律、應用規律、應用時機、方法窮要等不斷總結提驗，並根據自己功夫的特點練習就有適合自己個性、風格的連環踢擊絕技，下面略舉幾例供讀者學習參考：

戰例 1，如（圖 1～7）所示。敵我雙方對峙，我方先以前腳低位勾踢突襲擊前腳。在對方遭到攻擊，將注意力下移或準備防禦時。我方迅速收回前腳並屈膝，緊接著以前腳高位勾踢擊其部。當對手遭擊將雙手上移防禦時，再以一記中位勾踢擊其軀幹要害部位。

戰例 2，如（圖 8～14）所示敵我雙方對峙，我方以前腳中位側踢主動攻擊其腹部，當對手在遭到擊打將腹部後縮進行躲閃時，我迅速屈膝回收，以高位側踢擊其頭部，對方遭攻擊後，必會將頭自然性後移，從而導致腹部前挺暴露，此時，我方再施以一記中位側踢重擊對方腹部。

圖 1

圖 2

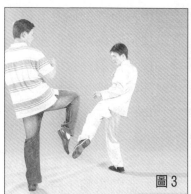

圖 3

圖 4

圖 5

圖 6

圖 7

圖 8

圖 9

圖 10

圖 11

圖 12

圖 13

圖 14

　　戰例 3，如（圖 15～21）所示。敵我雙方對峙，我先用前腳中位勾踢伴攻對手身體肋部，當對方準備後退或格擋，我方再趁對方此時防守上暴露出的空檔，迅速更換成後腳高位旋踢擊其頭部要害，踢擊得手後，我方利用踢擊旋轉時身體的慣性再施以一記前腳高位勾踢擊其頭部，其攻擊威力足以令對手倒地不起。

　　戰例 4，如（圖 22～28）所示。敵我雙方對峙，我方先以前腳中位勾踢試探性攻擊對手肋部，在對方後退躲閃

圖 15

圖 16

圖 17

圖 18

圖 19

圖 20

圖 21

圖 22

圖 23

圖 24

圖 25

圖 26

圖 27

圖 28

的一瞬間，我方將前腳落地，後轉身360度以後腳高位旋踢擊其頭部，如果對方在被擊後將身體後仰，我方迅速將後腳收回屈膝，再起後腳高位側踢擊其頸部或頭部。

戰例5，如（圖29～35）所示。敵我雙方對峙，我方先以後腳中位勾踢發動攻擊，在對方閃避或格擋之時，我方後腳屈膝收回，以後腳方施以一記低位勾踢擊其膝關節或小腿部。此時，不管對手是否被擊中或繼續格擋，我方將前腳屈膝收回落地，再其腿以一記高位勾踢狠狠擊中對手頭部。

圖29

圖30

圖31

圖32

圖 33

圖 34

圖 35

（三）技術要點

1.當完成一次踢擊後，如果將踢擊腿收回落地，應選擇好落地的位置，為下一個連續的踢擊動作鋪墊好恰當的攻擊距離與角度。

2.進行連環踢擊時，整個動作過程要快速連貫、一氣呵成，在對手來不及反應之前已完成全部攻擊動作。在進行第一腳攻擊或阻擊對手時，不可用力過猛，以免影響第二腿攻擊的速度和力量。踢擊時，出腿和收腿一定要快，

以免被對手防守後反擊我方。

3. 如果一進攻便直接打擊想要攻擊的部位，往往難以奏效。因為對手此時處於警戒狀態，他會本能地作出反應和條件反射，給予躲閃或格擋、攔截、反擊。連環踢擊進第一招往往是假動作，引誘對手上當或做出錯誤的判斷，第二招、第三招等才是真正的強有力的攻擊。

4. 要達到最好的攻擊效果，則要注意踢擊時多層次、多路線，上下左右交錯進攻身體各處要害，各種腿法根據具體情形變換使用，不斷轉換踢擊動作及踢擊目標，使對手防不勝防。同時，我方也應時刻注重身體的平衡、協調、有規律地用力、放鬆、節奏，還有自身的防守。

(四)練習方法

1. 首先要熟練地掌握基本踢擊動作，然後是步法與腿法、腿法與腿法之間的組合動作要能流暢自如，接下來是在有針對性地進行各種靶位練習及功力練習取得一定的成果，主要是實戰靶位及踢擊爆發力、速度、靈活性等在各項基本功達到一定的水準後，才能進入到連環踢擊的約束性攻防練習，最後方可進入實戰中自由發揮的訓練。

2. 訓練的重點是注重如何使踢擊動作更連貫、更快、更具威力、更有效等。這需要你在練習者多思考以何種踢擊放在一起組合會更有效地利用身體慣性力，或者會使動作更流暢、簡捷、更節約時間等，並根據具體的實戰時機、局勢來靈活地進行。

3. 練習雙方以每 3 分鐘為一組進行攻防演練，多組重複。

第五課　踢技經典技戰術之——佯攻的應用

在截拳道中，佯攻的應用是格鬥競技中慣用的技巧之一，這也是像李小龍這樣的腿功大師達到完美攻擊時的最佳搏鬥武器。在格鬥競技中利用眼、手、身體及腿腳所突發的假動作來迷惑、矇騙和擾亂對手，製造對手判斷上的誤區，產生防守上的盲動，導致防守架勢出現空檔，我方則趁此機會發起攻擊。

一個好的拳手，佯攻是最基本的實戰技能之一。不管哪一種方式的進攻，幾乎都與佯攻有聯繫，熟練地運用佯攻技戰術是一個腿功高手的基本要求。

(一)準備工作

進行該技戰術的學習與應用，需要找一名有一定功夫基礎的同伴進行攻防演練是必須的。另外，為了避免的訓練時發生不必要的意外傷害，練習雙方最好穿戴好護具進行練習。

(二)動作說明

下面我們將由一系列的實戰舉例來剖析佯攻的戰術精髓及學練竅要。練習者根據這些戰例來有針對性地設計學習時的攻防動作模式，掌握其戰術的具體應用要領等。

戰例 1，如（圖 36～41）所示。敵我雙方對峙，我方故意將手臂上揮，身體重心後移，讓對方誤認為我欲以前腳高位側踢擊起頭部。當對手將前手上抬防禦時，我方則起腿以前腳低位勾踢橫掃其前腿膝關節外側，使其身體重

心失衡。我方動作不停，緊接著再以前腳中位側踢重踢其胸、腹部要害。

　　戰例 2，如（圖 42～48）所示。敵我雙方對峙，我方以前腳低位側踢擊其前腿脛部，讓對方做出後撤前腳或將前腳上提的防守動作，我方不論是否擊中其脛部，則立即趁此機會變換攻擊動作，以前腳高位勾踢擊其頭部要害，再接上一記前腳中位側踢將其擊倒。

圖 36

圖 37

圖 38

圖 39

圖 40

圖 41

圖 42

圖 43

圖 44

圖 45

圖 46

圖 47

圖 48

戰例 3，如（圖 49～54）所示。敵我雙方對峙，我方看似無意，實則有意暴露身體上盤空檔來引誘對手攻擊，當對方以前手直拳擊我頭部時，我方迅速把握時機，以後腳勾踢重踢其頭部。若一擊未果，則再接上

圖 49

圖 50

圖 51

圖 52

圖 53

圖 54

一記高位旋踢擊其頭部，定使其敗下陣來。

　　戰例 4，如（圖 55～61）所示。敵我雙方對峙，我方在實戰中連續以低位側踢，低位勾踢擊對方身體下盤若干次，當對方誤以為我方不敢或無把握發動高位踢擊，而疏於對上盤要害的防範時，我方出其不意，連續以高位側踢，高位勾踢擊其頭部，當對手又將注意力集中於對上盤的防範時，我方再施以低位側踢擊其下盤，讓對手連遭重擊。

圖 55

圖 56

圖 57

圖 58

圖 59

圖 60

圖 61

　　戰例 5，如（圖 62～68）所示。敵我雙方對峙，當對方以直拳攻擊我頭部要害時，我方故意放慢反擊時的節拍，讓對方認為我方缺乏此方面的防守反擊能力。如果對手連續以前拳對方頭部連擊時，則其中下盤空檔必暴露無疑。此時，我方一反常態，迅速猛烈地發起中位勾踢，低位側踢來反擊其中下盤。

圖 62

圖 63

圖 64

圖 65

圖 66

圖 67

圖 68

（三）技術要點

1. 配合佯攻時的身體各部位假動作一定要快速真實，使對手無法也無時間來判斷其真假，在一剎那產生防守錯誤，被我方趁機得手。

2. 佯攻的應用要有明確的目的性，利用各種攻擊或防守假象來迷惑對手，迅速打開自己意欲攻擊的目標空門，或讓對手對各種假象產生遲疑或猶豫不決，從而貽誤戰機。

3. 當對手對我方進行佯攻時的各種引誘性攻擊假動作，沒有或來不及作出判斷與反應時，我方應果斷將此引誘性動作進行真實的擊打對手，同樣也會起到很好的攻擊效果。

（四）練習方法

1. 練習的重點在於如何把握各引誘性動作的應用時機、動作速度、動作方法，讓對手自然而然地陷入我方所設的圈套之中。要多動腦筋、多思考、多觀察，要想將佯攻這種技戰術應用得隨心所欲，不是靠一味蠻幹，若練所能達到的，一定要將頭腦的思維判斷能力充分發揮出來。

2. 練習雙方以3分鐘為一組來進行佯攻的應用練習，多組重複。

第六課　踢技經典技戰術之——截踢的應用

截踢屬於截拳道的高級實戰技巧，猶如中國內家拳的「後發先至」，是以攻擊替代單純形式的防守，掌握自如則有非常高的實用價值。

李小龍本人對截踢技巧掌握得非常嫻熟，往往在對方

剛剛起動出擊的過程中，不採用任何防守動作，而是直接出腿截擊，封阻住對手的攻勢，繼而施以猛烈的反擊，一舉將對手擊垮。其截擊之快、之準令同行十分羨慕。

據李小龍的介紹，這些功夫來自艱苦的基本功訓練和長期實戰對抗。並不像歐美人士認為有什麼特殊訓練程式和模式。李小龍將截踢的要點總結為敏銳的洞察力，準確的判斷，在掌握基本技巧後果斷、快速出擊，反覆施用逐步掌握好時機和距離。

(一)準備工作

進行該練習需要找一名有一定基礎的同伴進行攻防演練，最好在雙方攻防之時穿戴上護具，以免發生意外傷害。

(二)動作說明

學會截踢的應用方法，要由攻防對練來掌握其運動時機，動作訣竅等，下面例舉一些戰例，讓練習者根據這些戰例來設計練習模式，明白其中的練習訣竅。

戰例 1，如(圖 69～73）所示。敵我雙方對峙，對方欲用前腳高位勾踢擊打我頭部，我在其剛剛提膝啟動的一剎那施以後腳中位側踢封阻住對手後腿的膝、脛部位。在封阻住對手的進攻後，將後腿屈膝回收不落地，繼而以後腳高位勾踢重

圖69

擊對方頭部。

　　戰例 2，如（圖 74～78）所示。敵我雙方對峙，當對
手主動進攻施以前腳低位側踢動作時，我方應快速反應，
將前腳提膝躲避對方的攻擊，不待對方將攻擊完成或剛剛
將腳收回落地，我方則順勢將前腳從提膝狀態轉換成高位
側踢來攻擊對方的頭部。若一擊不足以讓對方喪失戰鬥
力，在立即補上一記高位勾踢再次狠擊其頭部。

圖 74

圖 75

圖 76

圖 77

圖 78

戰例 3，如（圖 79～84）所示。敵我雙方對峙對手突然以前腳高位側踢擊打我頭部時，我方在洞察對方攻擊意圖之後，搶先提膝封阻住對方的攻擊，並迫使對方將腳收回落地。我方抓住時機以前腳低位側踢擊打其膝關節或脛部。當對方被擊中後，必然出現身體重心失衡的現象，此時，我方應迅速發動連環踢擊來攻擊對方身體的中、上部要害。

圖 79

圖 80

圖 81

圖 82

圖 83

圖 84

　　戰例 4，如（圖 85～90）所示。敵我雙方對峙，當對方用前手直拳攻擊我面部時，我方用前腳高位側踢反擊對方前手腋下，以攻代防；我方攻擊得手後不停，繼續以後腳高位勾踢擊打其剛剛發動攻擊一側的肩關節，讓對方無法再發動前手攻擊動作，為了達到徹底擊潰對手的目的，再補上一記高位側踢擊其胸部要害。

圖 85

圖 86

圖 87

圖 88

圖 89

圖 90

　　戰例 5，如（圖 91～95）所示。敵我雙方對峙，對方出其不意地以前腳側踢擊我中部要害時，我沉著冷靜，果斷起腿以前腳中位勾踢攔截對方小腿部位，使其偏離攻擊目標；我方將前腳回收後但不落地，乘對方收腿之時，順勢以後腳低位側踢攻擊對手的下部要害。攻擊得手後，再發動一記前腳高位旋踢重擊對方頭部，以達到預期的實戰效果。

圖 91

圖 92

圖 93

圖 94

圖 95

(三)技術要點

1. 一般來說，技術水準不高的練習者大多只習慣以手來防守，雖然以腿來應付對手的攻擊顯得比較巧妙、連貫、令對手防不勝防。但這種技術的難度較高，特別強調時機和距離。要想應用這種格鬥技藝，必須經過嚴格的技藝訓練，將腿練至收發自如，隨意出擊的程度，並可隨機與其他技術配合使應。

2. 要想阻截住對方的攻擊，須首先瞭解對方攻擊的出擊軌跡，從而分析出最佳的截擊角度和時機。施用截踢，腿若在對手攻擊的啟動之時出動，則會使截擊意圖過早暴露，使對手半途變招，從而使自己陷於不利。如果腿在對方已完成了攻擊的一半時方出動，則為時已晚來不及了。能夠阻截住對方的攻擊，時機是關鍵。筆者在實踐中認為截住對方攻擊的最佳時機是剛完成攻擊啟動動作的瞬間出動踢擊將其截住。

3. 應用截踢時須動作快速，搶在對手攻擊動作伸直之前強行越過中線距離，突破對方防守並施以快速反擊，以快制快是截擊的一條基本原則。

4. 在格鬥競技中，單純的一記截踢動作很難擊垮對手，必須配合其他腿法連續攻擊，才能取得滿意的效果。

5. 強行突破防禦的截踢技術尤須勇敢的心態，大無畏的精神氣概與之相配合。面對敵手的猛烈進攻驚慌失措，既使再高級的技術也徒勞無益。拳諺云：藝高人膽大，膽大藝更高，是很富有哲理的，希望讀者深刻領悟。

(四)練習方法

1. 在精熟各種基本技術的基礎上進行截踢的應用練習。因為截踢屬於截拳道的高級實戰技巧，初學之時必先進行基本技術，基本功力的練習，在技術與功力達到一定水準後，再將各基本性技術都相當熟練了取得了一定的攻防動手能力後，才能進入截踢的約束性對抗訓練及學習，最後再進行自由實戰發揮的訓練。這一過程看似繁雜，卻是一個極科學的程式。

2. 練習的重點是體會根據對方的具體攻擊動作及實戰情形選擇以何種技法進行截擊更有效。

3. 練習者與同伴以每 3 分鐘為一組進行截踢的應用練習，多組重複。

第七課　閃電攻擊特訓

具體的練習方法同上一階段中課程內容。在練習中要更加注重閃電反擊特訓的練習，它將更能提升你敏銳的洞察力、攻防反應、思考判斷能力、踢擊速度等，但這一定要在你有一定的閃電搶攻特訓練習基礎後進行。

第八課　腿法攻擊威力強化

具體的練習方法同「進階之路」中的課程內容。隨著對訓練內容的不斷熟練，要從一個新的高度來嚴格要求訓練的品質。當你更投入、更能以一個嶄新的角度來認識你正在進行的練習，我相信，你的腿功又將上升到一個新的境界。

第九課　硬度練習

從現在開始你要根據你所擅長的踢擊動作來有針對性地進行硬度練習，如果是擅長使用勾踢就應多加強腳背的硬度。這其中道理很簡單，就是儘量將自己所擅長的踢擊做到更完美無缺。

具體的練習方法同「技能培養」中的課程內容。

第十課　腰腿爆發潛能激

伴隨著你訓練水準的提高，在進行該練習時，尤其要注意將每一次跳躍動作跳得更高或更遠，兩次跳躍動作之間的銜接要緊湊，落地時膝關節的快速制動要穩健，空中甩臀的動作要完整，流暢，將這些影響到練習效果的關鍵性因素做到更好，更高品質。

具體的練習方法同「功力強化」中的課程內容。

第十一課　放鬆路

具體的練習方法同「初學必修」中的課程內容。

第十二課　肌肉抻拉

具體的練習方法同「初學必修」中的課程內容。

課程安排

完成這一階段的學習課程需要 30 天的練習時間，每週 6 天，分 5 週完成，每次訓練課的時間為 100 分鐘。在第

1～10 天按照課程安排表 A 的內容進行練習，在第 11～20 天按照課程安排表 B 的內容進行練習，在第 21～30 天按照課程安排表 C 的內容進行練習。

具體的課程安排內容如下：

一、課程安排表 A

練習內容	生物修練	準備活動	實戰靶位練習	佯攻的應用	閃電攻擊特訓	腿法攻擊威力強化	硬度練習	腰腿爆發潛能激發	放鬆跑	肌肉抻拉	生物修練
練習時間（分鐘）	15	7	10	8	8	8	8	10	5	4	10

二、課程安排表 B

練習內容	生物修練	準備活動	實戰靶位練習	連環踢擊的應用	閃電攻擊特訓	腿法攻擊威力強化	硬度練習	腰腿爆發潛能激發	放鬆跑	肌肉抻拉	生物修練
練習時間（分鐘）	15	7	10	8	8	8	8	10	5	4	10

三、課程安排表 C

練習內容	生物修練	準備活動	實戰靶位練習	截踢的應用	閃電攻擊特訓	腿法攻擊威力強化	硬度練習	腰腿爆發潛能激發	放鬆跑	肌肉抻拉	生物修練
練習時間（分鐘）	15	7	10	8	8	8	8	10	5	4	10

學習總結與測試

一、進行一組 15～25 次的連環踢擊動作時，能否做到如行支流水般流暢，並且輕鬆協調、富有節奏韻律？

二、面對敵手的猛烈進攻，能否快速反應發起反擊將其擊垮？

三、是否可以從任意角度、距離、身、步、腿三者合一發起踢擊進攻？

四、總結各踢技經典技戰術的戰術應用要點，做到根據實戰具體情形靈活運用。

解惑篇

李小龍超級腿功自修指南

實事求是地說，要想由自學掌握腿功技術是有相當難度的。因為腿功是一種動手實踐技能，它不光要求練習者將它記在大腦裏，還必須能夠落實在行動上。

這樣，就要求我們在進行以自學這樣方式獲得高超的腿功技能，應充分考慮到這種學習方式的特殊性——感性大於理性，實踐多於說教。因此，對訓練活動的開展進行分析研究，制定相應的解決方案，將對你有莫大的益處。

指導思想

成就高超的腿功，必須樹立良好的學習態度，掌握正確的學習指導思想，這樣才能不走彎路，切實地學到實用的腿功技術，並在實戰中發揮作用。

一、能夠不斷地堅持

現代心理學告訴我們，學習任何一種技能都要經過一個連續鞏固的過程。否則，停停練練，必定事倍但卻功半。對於李小龍超級腿功的學習，需要一定的訓練時間才能取得較為滿意的成果。

這要求練習者必須選擇一段較為空閒的時間能夠不被瑣事所打擾，專心投入到訓練中去。切勿為自己找藉口今

天不練了，明天加倍補回來就是了。

這種自作聰明的作風是極端錯誤的。一定要連續地、有計畫地進行學習。記住，成功來源了你點點滴滴的不斷積累。

二、以科學的態度對待學習

練習者不要過於急迫地進行學習，任何事情只以焦急的心情去做，一定無法做好。練習者應放平心態，從從容容地進入學習程式，按部就班地進行訓練。

首先要詳細地閱讀與體會書中的全部內容，搞清每一個練習動作的詳細說明，領會其中的確切含義、力求正確地掌握技術中的每一個細節。

在學習的時候要注意步驟，在整個學習過程中，我們安排好合理的學習與訓練程式，為了讓練習者不致產生學習的混亂，還特意設計了詳細的訓練計畫表，只要認真跟上進度就可以了。

切勿胡思亂想，前面的內容還沒有學會就去研究後面的內容，將學習計畫打亂，導致前面與後面的課程都沒有學好，只能重新開始。

三、養成有規律的日常生活習慣

為了更好地開展訓練，練習者有必要安排了合理的作息計畫，並能每天按照這個作息計畫認真執行。如此，方能保證自己進行每次訓練課時，有充足的時間保證。

練習者要想做到這一點，就得規範自己的生活習慣，樹立積極的生活作風，每天都能按照這個規範執行，保證

自己在每天完成日常的工作及學習後，有充足的精力與時間投入到李小龍超級腿功的學習之中。

不要被日常事務所困擾搞得焦頭爛額，讓自己無法投入到訓練中去。

四、作好充分的準備工作

進行學習訓練，免不了需要一些輔助設施幫我們進行訓練活動的開展。練習者應根據訓練課的要求提前作好充分的準備工作。

比如：訓練中需要腳靶、沙綁腿等之類的物品、練習者就應提前將這些物品購置回家，如果購買不到的話，就應要想方設法尋找可用於代替的工具或自己動手製作。沒有相應的輔助工具，訓練的效果將會大打折扣，甚至無法開展訓練。

五、保持積極向上的心態

不要把學習目標看得高不可攀，也不要把學習中的困難想像得不可逾越。雖說，想要獲得驚人的腿功技術並不容易，但並不是就不能辦到。不是有許多武林人士在腿功上取得非凡的造詣了嗎？

只要你堅持、努力，有一顆不斷攀越頂峰的恒心，你同樣也可以辦到。

只要你付出一份辛勞，那就會有一份收穫，只要你不半途而廢，成為一名真正的腿功大師只是早晚的事。

六、重視技術的應用能力

有的人夢想學會了某種技術後就可以戰無不勝，就好像武俠小說裏的那樣，學習一種絕招就能所向披靡。這是不懂武術的外行之見，實際上，沒有那一種技術可以保證你勝利的，這要看你對該項技術的應用與實踐能力，應用得好則戰無不勝，沒有一定的應用能力，那麼，你就將一無所有。

這裏講的是顛撲不滅的真理，也許會令你失望，但是我們不能不尊重事實，希望大家能明白這個道理。

七、實戰是檢驗一切的標準

透過學習與訓練，你已掌握了良好的技術與強大的功力，但並不表示你在實戰中能每戰必勝。這就像一個在旱地上學習游泳的人，不下水地試一試，怎麼知道你是否真正掌握了游泳呢？

對於李小龍超級腿功的學習，就應該經常進行實戰對抗，檢驗所學的技術是否有用，並且不斷總經驗，提高實際應用能力。

有許多奧妙，只有在實戰對抗中才能體會得到。在與對手的對抗之中，並不都是以你的勝利而告終。起初時，可能失敗多於勝利，這是由於你對技術的應用還不是得心應手。時間一長，隨著你訓練水準的提高，對手會感到你逐漸難以對付，最終你就可以佔據絕對的優勢。失敗只是成功的開始，不怕失敗的人才有成為最後的強者。

學習要點

練習者只有透過科學地學習，才能做到學的輕鬆、掌握清楚、練了可用、用會用好、達到練習李小龍超級腿功進行健身防身的目的，但練習者沒有以積極的態度來瞭解其中的學習要點，那麼訓練的科學性則無從談起。

一、學習必要的理論知識

在訓練前，首先要對與武術運動有關的理論知識進行學習，用人體解剖學、生理學的觀點去瞭解人體的關節功能，活動規律和要害部位的機能等。讓自己清楚地瞭解和掌握人體關節活動規律、特點要害部位的弱點等，以便於更好地掌握技術動作，在格鬥競技中利用人體的特點打擊對手。

另外，學習與掌握相關的運動訓練知識，科學地進行力量、速度、柔韌、靈敏等各項功力的鍛鍊，為自己鑄造超級的腿功技術奠定功力基礎。

二、重視基本功

各項基本技術動作的掌握與基本功力水準的鍛鍊是格鬥競技實踐的基礎，應給以足夠的重視。如同植樹、根深方能葉茂。

沒有一定的基本功，或基本功達不到一定的標準，那麼，腿功技術的提高則無從談起，因為沒有一定的基礎作保證，無法從事高難度的訓練課目。所以，基本功訓練好

與壞，就直接影響到腿功技術的掌握和運用。

三、技術與功力缺一不可

不能只學會踢擊技術動作的使用方法，而要在掌握技術的同時強化各項功力（力量、速度、耐力、靈敏、柔韌等方面）的鍛鍊。要想在格鬥競技中運用合理的踢擊技戰術擊垮對手，只學會技術動作是不夠的。

所謂「一力降十會」，說明力量在格鬥競技中的重要性。功力的強弱對技能的發揮有相當的制約性。我們知道，一個人如果具備良好的功力，學習和掌握技術動作比功力差的人要快得多。在實際的格鬥競技中技術的發揮也是如此。

四、利用自身的體格優勢

每個人的身體條件各不相同，有高、矮、胖、瘦之分。在學會基本技術的基礎上，根據自己的身體條件，揚長避短，有針對性地採取不同的技術動作進行訓練。如個子高就可充分發揮身高腿長的優勢，個子矮的則可運用身體靈活的技術特點。

練習者在學習中根據自己的身體條件進行訓練，並在格鬥競技中形成獨特的技術風格。

五、採取一定的防護措施

腿功技術的訓練離不開有針對性地與同伴進行實戰對練習，合理的保護措施則是必不可少的。

另外，進行有關於碰撞、擊打等動作之時也應注意保

護，否則容易發生意外傷害，既對身體健康不利，又影響到今後訓練活動的開展。

六、著重技藝風格的培養

對於李小龍超級腿功的學習，我們必須勇於創新。但創新並不是創造新的絕學，而是創造自我風格，形成適合自己的學習、訓驗、演練與實戰風格。

事實上，從古至今，沒有一種拳術是幾百年不產生變化的，這也是為什麼會形成這個式，那個拳術風格的原因。在你進行李小龍超級腿功的學習時，它不是一味地要求你盲從，抹殺你的個性，阻斷你發展自我的前進之路，而是幫助你開發自己的潛能，形成你自己的能力，這樣你才是真正得到這門技藝。

導引養生功

1 疏筋壯骨功+VCD 定價350元

2 導引保健功+VCD 定價350元

3 頤身九段錦+VCD 定價350元

4 九九還童功+VCD 定價350元

5 舒心平血功+VCD 定價350元

6 益氣養肺功+VCD 定價350元

7 養生太極扇+VCD 定價350元

8 養生太極棒+VCD 定價350元

9 導引養生形體詩韻+VCD 定價350元

10 四十九式經絡動功+VCD 定價350元

張廣德養生著作　每冊定價350元

全系列為彩色圖解附教學光碟

輕鬆學武術

1 二十四式太極拳+VCD 定價250元

2 四十二式太極拳+VCD 定價250元

3 八式十六式太極拳+VCD 定價250元

4 三十二式太極劍+VCD 定價250元

5 四十二式太極劍+VCD 定價250元

6 二十八式木蘭拳+VCD 定價250元

7 三十八式木蘭扇+VCD 定價250元

8 四十八式太極劍+VCD 定價250元

彩色圖解太極武術

1
太極功夫扇

定價220元

2
武當太極劍

定價220元

3
楊式太極劍

定價220元

4
楊式太極刀

定價220元

5
二十四式太極拳＋VCD

定價350元

6
三十二式太極劍＋VCD

定價350元

7
四十二式太極劍＋VCD

定價350元

8
四十二式太極拳＋VCD

定價350元

9
楊式十六式太極劍拳

定價350元

10
楊氏二十八式太極拳＋VCD

定價350元

11
楊式太極拳四十式＋VCD

定價350元

12
陳式太極拳五十六式＋VCD

定價350元

13
吳式太極拳五十六式＋VCD

定價350元

14
精簡陳式太極拳八式十六式

定價220元

15
精簡吳式太極拳架・推手三十六式

定價220元

16
夕陽美功夫扇

定價220元

17
綜合四十八式太極拳＋VCD

定價350元

18
三十二式太極拳 四段

定價220元

19
楊式三十七式太極拳＋VCD

定價350元

20
楊氏五十一式太極劍＋VCD

定價350元

21
嫡傳楊家太極拳精練二十八式

定價220元

22
嫡傳楊家太極劍五十一式
定價220元

養生保健　古今養生保健法　強身健體增加身體免疫力

1 醫療養生氣功  定價250元	2 中國氣功圖譜 定價250元	3 少林醫療氣功精粹  定價250元	4 龍形實用氣功 定價220元	5 魚戲增視強身氣功 定價220元	6 道家玄牝氣功 定價200元	7 道家玄牝氣功 定價200元

8 仙家秘傳祛病功

定價160元

9 少林十大健身功

定價180元

10 中國自控氣功

定價250元

11 醫療防癌氣功

定價250元

12 醫療強身氣功

定價250元

13 醫療點穴氣功

定價250元

14 中國八卦如意功

定價180元

15 正宗馬禮堂養氣功

定價420元

16 秘傳道家筋經內丹功

定價300元

17 三元開慧功

定價250元

18 防癌治癌新氣功

定價180元

19 禪定與佛家氣功修煉

定價200元

20 顛倒之術

定價360元

21 簡明氣功辭典

定價360元

22 八卦三合功

定價230元

23 朱砂掌健身養生功

定價250元

24 抗老功

定價230元

25 意氣按穴排濁自療法

定價250元

27 健身祛病小功法

定價200元

28 張氏太極混元功

定價250元

30 中國少林禪密功

定價200元

31 郭林新氣功

定價400元

32 八卦之源與健身養生

定價280元

33 現代原始氣功1

定價400元

34 養生開脈太極

定價300元

35 通靈功一養生祛病及入門功法

定價300元

37 太極內功養生法

定價180元

38 無極養生氣功

定價200元

39 氣的實踐小周天健康法

定價200元

太極跤

1 太極防身術
定價300元

2 擒拿術
定價280元

3 中國式摔角
定價350元

簡化太極拳

1 陳式太極拳十三式
定價200元

2 楊式太極拳十三式
定價200元

3 吳式太極拳十三式
定價200元

4 武式太極拳十三式
定價200元

5 孫式太極拳十三式
定價200元

6 趙堡太極拳十三式
定價200元

原地太極拳

1 原地綜合太極二十四式
定價220元

2 原地活步太極四十二式
定價200元

3 原地簡化太極拳二十四式
定價200元

4 原地太極拳十二式
定價200元

5 原地青少年太極拳二十二式
定價220元

6 原地兒童太極拳十捶十六式
定價180元

健康加油站

1 糖尿病預防與治療

定價200元

2 胃部機能與強健

定價180元

3 不孕症治療

定價200元

4 簡易醫學急救法

定價200元

5 肥胖健康診療

定價200元

6 肝功能健康診療

定價200元

7 高血壓健康診療

定價200元

8 高血糖值健康診療

定價200元

9 尿酸值健康診療

定價200元

10 膽固醇中性脂肪健康診療

定價200元

11 痛風劇痛消除法

定價180元

12 三溫暖健康法

定價180元

13 手‧腳病理按摩

定價180元

14 B型肝炎預防與治療

定價180元

15 吃得更漂亮、健康

定價180元

16 茶使您更健康

定價180元

17 圖解常見疾病運動療法

定價180元

18 科學健身改變亞健康

定價180元

19 簡易萬病自療保健

定價220元

20 王朝秘藥媚酒

定價180元

21 立見實效保健操

定價180元

22 越吃越幸福

定價200元

23 荷爾蒙與健康

定價180元

24 越吃越長壽

定價200元

25 自我保健鍛鍊

定價180元

26 斷食促進健康

定價180元

27 蔬菜健康法

定價200元

28 水果健康法

定價200元

國家圖書館出版品預行編目資料

李小龍腿功教室——超級腿功訓練 88 課／黃 濤 編著
——初版，——臺北市，大展，2008〔民 97.10〕
面；21 公分 ——（武術武道技術；5）
ISBN 978－957－468－642－1（平裝）
1.武術 2.中國
528.97 97015015

李小龍腿功教室——超級腿功訓練 88 課

編 著／黃 濤
責任編輯／佟 暉
發 行 人／蔡 森 明
出 版 者／大展出版社有限公司
社 址／台北市北投區（石牌）致遠一路 2 段 12 巷 1 號
電 話／（02）28236031・28236033・28233123
傳 眞／（02）28272069
郵政劃撥／01669551
網 址／www.dah-jaan.com.tw
E-mail／service@dah-jaan.com.tw
登 記 證／局版臺業字第 2171 號
承 印 者／傳興印刷有限公司
裝 訂／建鑫裝訂有限公司
排 版 者／弘益電腦排版有限公司
授 權 者／北京體育大學出版社
初版 1 刷／2008 年（民 97 年）10 月

定 價／280 元

大展好書　好書大展
品嘗好書　冠群可期

大展好書　好書大展
品嘗好書・冠群可期